バレーボール

八王子実践高校式メニュー

基本を大事に実戦力を向上させる

貫井直輝 八王子実践高等学校バレーボール部監督

JN108592

はじめに

　私がバレーボールと出会ったのは中学1年生のときでした。中学・高校・大学とバレーボールを通して多くのことを学び、かけがえのない仲間・師との出会いがありました。

　バレーボールは1人ではできません。1つのボールに思いをのせてつないでいくスポーツです。そこで大切になるのが仲間の存在です。日々の練習の中で、苦楽をともにすることで仲間との固い絆ができ上がるものだと考えます。そして、それを取り囲む指導者、保護者の存在も忘れてはなりません。分かち合うことのでき

る仲間、信頼できる指導者、支えてくれる保護者が三位一体となってつくり上げることで、バレーボールの素晴らしさがより際立つのだと考えます。

　指導者となって30年、私自身多くの指導者の方々と交流させていただく中で、挑戦と失敗を繰り返し、選手とともに本気で笑い・本気で泣き・本気で喜び・本気で怒り、バレーボールの素晴らしさ、人として成長し続けることの大切さを学びました。そんな試行錯誤の中で、日々の練習において『練習は嘘をつかない』『正

しい努力をする』を体現していくために、練習の意図・目的・ポイントなど明確にし、理解させてから練習に取り組むこと、練習がマンネリ化しないように、つねに新しい発見（気づき）を求め、創意工夫することを大切にしてきました。今回はその取り組みの中で生まれた練習をご紹介させていただきます。

通常の指導書では、指導者の目線からパス・ディグ・レセプション・ブロック・スパイクなど基本から応用へ解説していくものですが、本書では、八王子実践高等学校で行われている練習の中から、選手の声を大切にしていくことを念頭に置いてアンケートをとり、選手自身が実際の試合に役に立ったと実感できた練習を紹介させていただきます。ここにあげました練習が、それぞれのチームに合った練習に改善・改良され、多くの指導者・選手たちの将来に役に立つものとなれば幸いです。

2023年3月
八王子実践高等学校
バレーボール部 監督
貫井直輝

C O N T E N T S

第1章 パス練習

第2章 サーブ練習

第3章 レセプション練習

第8章 ゲーム練習

第9章 チームづくり

本書の使い方

　本書では、写真やアイコンを用いて、一つひとつのメニューをわかりやすく解説しています。「やり方」を読んで写真を見ながら、目的を理解し、どのように取り組めば効果的なのか、どこに注意すればいいかなどを考えながら行ってください。

目的

なぜこの練習が必要なのか

どうしてこの練習をするのか、
明確な目的を知りましょう。

習得できる技能

身につく技能が一目瞭然

この練習で得られる能力が一目でわかるので、
自分に適したメニューを見つけて練習に取り込みましょう。

ポイント

どこを意識すればいいか

練習の大事なポイントを解説。

NG

ここに注意する

練習をするときに気をつけたい注意点、
やってはいけない動きです。

アドバイス

どうすれば効果が上がるか

より効果的に行うにはどうすればいいか、
著者からのアドバイスです。

そのほかのアイコン

現役選手が練習後に上達したと感じた点を教えます。

掲載した練習法のやり方を変えた形を紹介します。

第1章

パス練習

パス練習はバレーボールの基本。
毎日の練習で正しい動きを確認しながら
ウォーミングアップをかねて
体を動かしていこう。

パスの基本動作を身につける

回数or時間
左回り・右回り各30本

目的　**面の平行移動でボールを送り出す**

飛んでくるボールを違う方向に送り出すとき、面の平行移動を使うようにする。アンダーハンド・パスの基本的な動きでレセプションの基本動作につながる。

やり方

6人1組になる。正三角形の頂点に1人ずつ立ち、残りの人はそれぞれの後ろに1人ずつ並ぶ。❶AがBにアンダーハンドのパスを出し、すぐにEの後ろに移動する❷BはCにパスを出し、すぐにFの後ろに移動する❸CはDにパスを出し、Dの位置に移動する。これを繰り返す。反対回りも同様に行う。

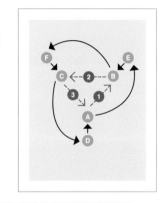

ボールを高く出すと体が浮き上がるので低いボールを出す

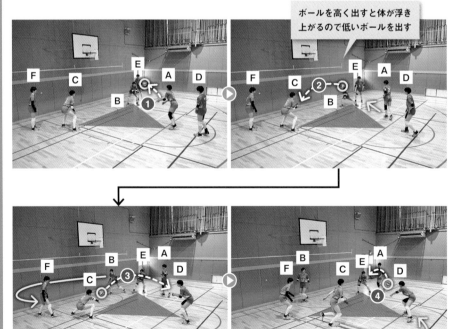

パス練習

サーブ練習

レセプション練習

セット・アップ練習

ディグ練習

ブロック練習

スパイク練習

ゲーム練習

チームづくり

✂️ アレンジ

オーバーハンドもやってみよう

同じやり方でオーバー
ハンドのパスも行う。

ボールを送る方向に
つま先を向ける

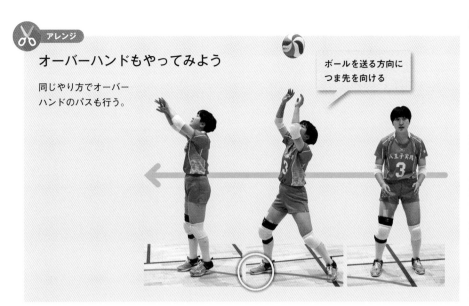

💡 ポイント

重心移動でボールを送る

ボールが飛んでくる方向に体を正対させ、ボールをお
へその高さまで引きつける。重心を低くしたまま体重
を前にかけながら、ボールを送りたい方向に送り出す。

真上から見て、両ヒザと両手首
の位置が三角形になるイメージ

手を振らず腰を使う

❌ NG

面を動かす

足を動かさず手を振る（左）。
あるいははじめからボールを
とりにいくと（右）、ボール
を弾く要因となる。

遠近の距離感をつかみ
パスをコントロールする

習得できる技術
▶ フォーム・フットワーク
▶ ボールコントロール
▶ 状況判断
▶ コンビネーション
▶ フォーメーション

回数 or 時間
各30本

目的

パスの正確性と下がり方を
身につける

近くに出すパス、遠くに出すパスを織り交ぜ、距離感と正確性をやしなう。なおかつ下がるときのフットワークを意識する。

やり方

２人組になり、９m離れて向かい合う。❶ＡがＢに９mのパスをする❷Ｂは３mのパスで返す❸Ａが前進してパスで返し、スタートの地点に戻る❹Ｂは９mのパスをする❺Ａが３mのパスで返す❻Ｂが前進してパスで返し、最初の地点に戻る。これを繰り返す。アンダーハンド、オーバーハンド両方行う。

相手のパスが出てから前に移動する

できるだけ速く戻る

ポイント

ボールから目を離さない

スタート地点に戻るときは下半身を進行方向に向け、ボールを見ながら下がるようにする。

OK　ボールを見ながら戻る

NG　ボールから目を離す

止まった状態でボールにさわる

9m

パスをしたらできるだけ速く戻る

3m

バス練習

サーブ練習

レセプション練習

セット・アップ練習

ディグ練習

ブロック練習

スパイク練習

ゲーム練習

チームづくり

パスゲームで ウォーミングアップする

習得できる技術
▶ チームワーク・フットワーク
▶ ボールコントロール
▶ 状況判断
▶ コンビネーション
▶ フォーメーション

回数or時間
5〜8分

パターン 1

1対1のパスゲーム

目的 ボールから目を離す

1対1でラリーをしながら、ボールから目を離して相手のコートの穴を見つける。ウォーミングアップの一貫として行う。

やり方

2チームに分かれて1対1のゲームを行う。ネットをはさんでフロントゾーン内に1人ずつ入り、残りの人は後ろに1列で並ぶ。アンダーハンド、オーバーハンドのどちらかを使ってフロントゾーン内に1本で相手に返球したら、コートを出て相手チームの最後尾に並ぶ。後ろに並んでいた人が素早くコートに入り、互いにラリーを続ける。

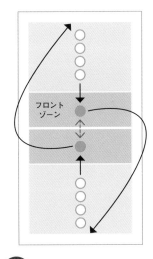

フロント
ゾーン

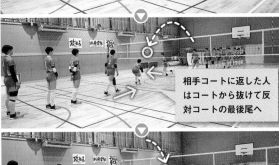

相手コートに返した人はコートから抜けて反対コートの最後尾へ

アドバイス

コントロールが 大事

ただ返球するのではなく、前に落としたり、後ろを突いたり、相手がとりづらそうなところにボールを返すようコントロールも意識する。

パス練習

サーブ練習

レセプション練習

セット・アップ練習

ディグ練習

ブロック練習

スパイク練習

ゲーム練習

チームづくり

パターン 2
2対2のパスゲーム

目的

仲間とコミュニケーションをとる

相手コートの状況を見ながら、2人で連係をとり、狙ったところにボールを返球できるようにする。

やり方

2チームに分かれてボール3個で2対2のゲームを行う。コート全面を使い、コート内に2人ずつ入る。残りの人はコート外に1列で並ぶ。青いボールはそれぞれのチームで持ち、赤いボールはアンダーハンド、オーバーハンドのどちらかを使って1本で返し合う。相手に返球した人は、自分のチームの最後尾に並ぶ。後ろに並んでいた人は抜けたところに素早く入り、互いにラリーを続ける。

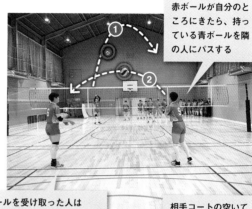

赤ボールが自分のところにきたら、持っている青ボールを隣の人にパスする

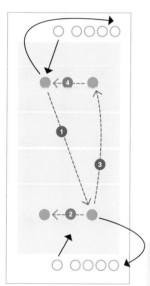

青ボールを受け取った人は赤ボールがくるまで持ったまま

相手コートの空いているところ、あるいはボールを持っている人を狙って返す

相手コートに返した人が抜けるので、空いたところに入る

✕ NG

同じボールを追ってしまう

コートの穴を2人で埋めるように声をかけ合うことが大事。声を出さず、判断が遅れると写真のように同じボールを追ってぶつかったり、ボールを落としたりするので注意する。

習得できる技術
▶ フォーム・フットワーク
▶ ボールコントロール
▶ 状況判断
▶ コンビネーション
▶ フォーメーション

回数or時間
5〜8分

状況を判断して
声を出そう

目的 **相手チーム、ボール、仲間の動きを把握する**

P14〜P15のパスゲームと同じようにウォーミングアップの一貫として行う。相手コートを見る、ボールを見るに加えて、仲間の動きを把握してラリーを続ける。

やり方

チームを半分に分け全員コートに入る。それぞれのチームがボールを1個ずつ持ち、オーバーハンド、アンダーハンドのどちらかを使って1本で相手に返し合う。ボールにさわった人は遠くの横壁にタッチして、コートの空いているところに戻る。

アレンジ

後ろの壁をさわる、ラインを踏む

横の壁にタッチするだけでなく、後ろの壁にタッチしたり、ラインを踏んだりと条件を変えて行う。

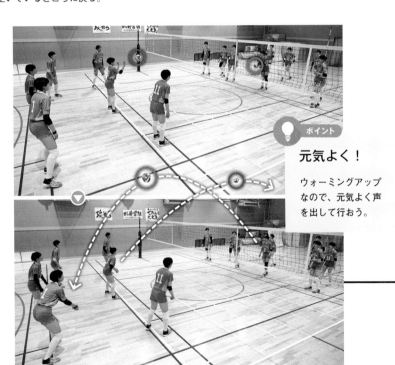

ポイント

元気よく！

ウォーミングアップなので、元気よく声を出して行おう。

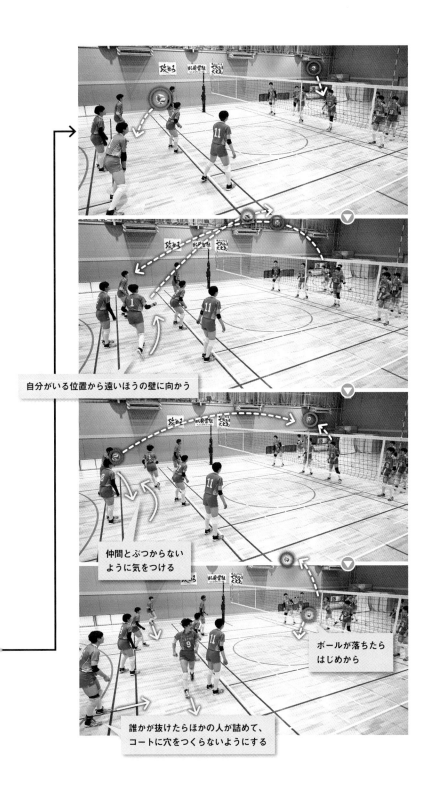

パス練習

サーブ練習

レセプション練習

セット・アップ練習

ディグ練習

ブロック練習

スパイク練習

ゲーム練習

チームづくり

自分がいる位置から遠いほうの壁に向かう

仲間とぶつからないように気をつける

ボールが落ちたらはじめから

誰かが抜けたらほかの人が詰めて、コートに穴をつくらないようにする

動きのイメージを
言葉で伝える

バレーボールは「パスにはじまり、パスに終わる」と言われるほど、いかに正確なパスを出せるかでゲームの内容が変わってくるといわれています。

八王子実践でも基本となるパス練習は毎日のように取り入れていますが、基本の確認だけでは単調な練習になってしまうので、前後左右の動きを入れたり、距離を変えたりしてバリエーションをつけ、できるだけ実戦に近い形で行うようにしています。

そこで大事なのがフットワークです。実際の動きの中で、目標物に対して返すためにはどのような足さばきをしたらいいか、どこの筋肉を使い、どのようなボールを送り出せばいいかを、選手がイメージしやすいよう、さまざまなたとえや表現を用いて教えています。

アンダーハンドであれば、「上から雫が落ちてくるのを弾かないように、手のひらにのせるイメージでレセプション、パスをしよう」とか、オーバーハンドであれば、「ボールが焼けて熱くなっていたとしたら、アツッ！て一瞬しかさわれないよね？　それくらいのタッチの感覚でいいよ」など。動作をたとえて説明すると、選手にも伝わりやすいように思います。大事なのは、イメージを湧かせることなので、そのための言葉選びを大切にしています。

第2章

サーブ練習

ネット競技においてサーブはもっとも大事なプレー。
ただ本数をこなすのではなく、
コントロールを意識して
相手を崩すサーブを身につけよう。

おもなサーブの種類

サーブの打ち方は人それぞれ。おもなサーブの種類を紹介するので、
自分に合った打ち方でサーブ練習に励むようにしよう。

フローターサーブ

片手でトスを上げ、テイクバックし手首をロックして手のひら全体でボールの真横をヒットする。

ジャンプサーブ

トスをやや前方に上げてから助走をはじめ、スパイクと同様に高くジャンプし、
最高打点でボールをヒットする。

下記のほかにアンダーハンド・サーブ、サイドハンド・サーブ、オーバーハンド・サーブがある。

ジャンプ・フローターサーブ

フローターサーブのバリエーション。助走をつけてジャンプし、フローターサーブを打つ。

パス練習

サーブ練習

レセプション練習

セット・アップ練習

ディグ練習

ブロック練習

スパイク練習

ゲーム練習

チームづくり

21

サーブが苦手な人の練習法

目的 **フローターサーブのフォームを習得する**

サーブが苦手な人の練習法で、トスの位置、フォームを意識し繰り返し打つようにする。

やり方

ネットから1.5mのところからフローターサーブを打つ。コートに3本入ったら1.5mずつ下がっていく。最終的にエンドラインから打てるようにする。

エンドラインまで行う

9m

手首をロックする

1.5m　　1.5m　　1.5m

ネットから1.5mずつ下がっていく

パス練習

サーブ練習

レセプション練習

セット・アップ練習

ディグ練習

ブロック練習

スパイク練習

ゲーム練習

チームづくり

肩の前にトスを上げる

サーブにはいろいろ種類があるが、どのサーブもトスが正確に上がらないと同じスイングで打てない。サーブの善し悪しの8割はトスにかかっているので、つねに自分の肩の前に上げることを意識し、トスだけの練習を繰り返すようにする。

OK

トスが戻っている

左肩が下がっている

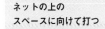

ネットの上のスペースに向けて打つ

手のひらを止める

スイングするときに手を振り抜いてしまうとネットを越えないので、手首をロックしてネットの上のスペースに手のひらを見せるイメージで止める。

狙ったところに
サーブを打とう

習得できる技術
▶ フォーム・フットワーク
▶ ボールコントロール
▶ 状況判断
▶ コンビネーション
▶ フォーメーション

回数or時間
50本

目的　コントロール能力を身につける

試合中に狙う場所を指示されたとき、正確に打てるようにする。
毎日練習し、コントロール能力をやしなう。

やり方

チームを半分に分け、サーブを打つグループ、ボール拾いグループに
分かれる。コート上を1〜9のエリアに区切り（右図）、サーブを打
つ人は狙うエリアの数字を宣言してから、サーブを打つ。50本連続
で打ち、何本入ったか記録する。

アドバイス

7・8・9を避ける

狙ったエリアに打つこと
が目的だが、右図の7・
8・9はレシーバーが拾
いやすいコースなので避
ける。

速く打ったり、
山なりに打ったり、
球質を打ち分ける

狙うエリアを申告して打つ

コーンを狙う

9分割が細かすぎて難しい場合は、コートの真ん中にボックスを置き、ここを避けるようにして打つ。コート後方、サイドライン際、アタックラインの前はレセプションしづらいので、そこにコーンを置き、狙える人は狙って打つようにする。

【コート上のゾーン番号】

1〜9の数字がコート上の場所を示すゾーン番号。これは世界共通で使われているエリアを示している。

パス練習

サーブ練習

レセプション練習

セット・アップ練習

ディグ練習

ブロック練習

スパイク練習

ゲーム練習

チームづくり

サーブへの考え方が
秀でているチームは強い

　ネット競技である以上、サーブは一番大事な技術だと思います。

　世界レベルでは女子もサーブの威力が絶対的に必要になってきましたし、サーブへの考え方が秀でているチームは、サーブが強いだけではなく、相手をゆさぶるようなサーブを打ってくるので、チームが競り合いになったときに強いと言えます。

　いいサーブの条件はスピードだけではなく、コースだけでもありません。全部の要素を入れた上で、相手が困るか困らないかということが、いいサーブの条件だと思います。

　もしくは、わざとリベロを狙い、相手が一番得意な攻撃を引き出し、ブロックとその後ろにあるフロア・ディフェンスを固める方法もあります。この場合、1プレー先、2プレー先の展開を選手たちが想定し、共有することが必要です。

　八王子実践は比較的サーブのいいチームだと思うので、実際の試合でもサーブで相手を崩すというシチュエーションは多々あります。とはいえレベルが上がってくると、なかなかサービスエースはとれないのですが、練習の目的としてはエースをとるためではなく、相手を困らせる、相手を翻弄する、そういう意図を持ったサーブ練習をすることが大事だと思っています。

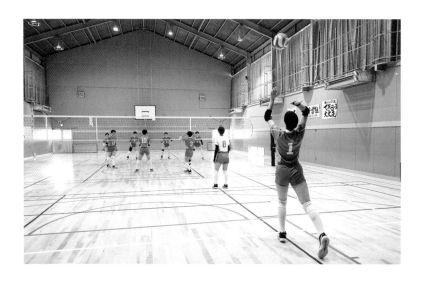

第3章
レセプション練習

レセプション（サーブレシーブ）は
セッターに返球することはもちろん、
基礎・基本の動きをいかにできるかが大事。
練習を重ねて自分のものにしていこう。

レセプションの基本を身につける①

習得できる技術
▶ フォーム・フットワーク
▶ ボールコントロール
▶ 状況判断
▶ コンビネーション
▶ フォーメーション

回数or時間
10本

目的　**ボールの勢いを吸収する**

ボールを低いところでとらえ、勢いを吸収し、狙ったところに返すようにする。レセプションの基本となる練習。

やり方

2人組になる。パートナーが打ったサーブを、アンダーハンドを使ってイスの座面に落とす。

腕を振らない

パス練習

サーブ練習

レセプション練習

セット・アップ練習

ディグ練習

ブロック練習

スパイク練習

ゲーム練習

チームづくり

①足の使い方に注意する

左側に目標物がある場合は、左足を前に出るようにする。右足から出すと、腕を振ってしまう。

OK
左足が前

NG
右足が前

NG

手を振ってしまう

手を振ると、コントロールがきかなくなる。

②足を動かし早く面をつくる

ボールの落下地点を見極め、面をつくる。ボールが当たる瞬間、ヒジをしめるようなイメージで勢いを吸収する。

③山なりのボールを返す

直線的なボールではなく、次の人がさわりやすいように山なりのボールを返す。

レセプションの基本を身につける②

回数or時間
左右・各10本

目的 面のつくり方、面の平行移動を覚える

P10で練習した「三角パス」の応用。飛んでくるボールと、壁の間に自分の体を入れ、アンダーハンドの面の形をつくる。ボールを送り出すときの基本の動きとなる。

やり方

壁の前でかまえる。レセプションを返す目安としてセッター位置に1人入る。低く打たれたボールを、アンダーハンドを使って返す。

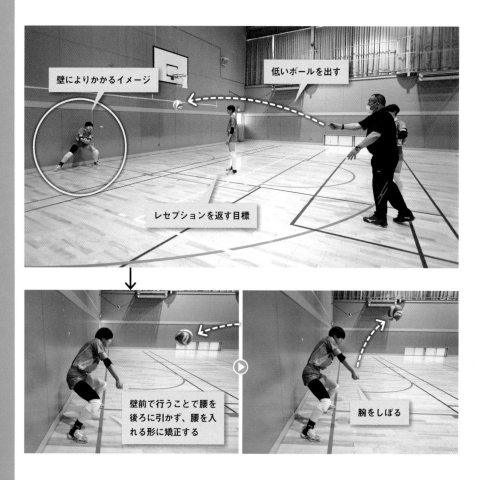

壁によりかかるイメージ

低いボールを出す

レセプションを返す目標

壁前で行うことで腰を後ろに引かず、腰を入れる形に矯正する

腕をしぼる

① 腕を振る

腕からとりにいくと、体の外でボール
をとらえることとなり、ボールを飛ば
すために腕を振ってしまう。

② 腰が回る

飛ばしたい方向とは反対の足を前に出
し、そのヒザの前でボールをとると重
心移動が使えず、腰が回ってしまう。

体の外で
ボールをとる

ボールを
返す方向

ボールを返す方
向とは反対の足
が前に出ている

空間をつくり、重心移動でボールを送る

左から飛んでくるボールに対しては、右足を下げて空間をつくり、
そこから左足に重心移動しながらボールを送り出す。

ボールを返す方向と
は反対の足を下げる

空間をつくり両ヒザの間でとる

ボールを
返す方向

重心を前足に移動させ
ながらボールを運ぶ

パス練習

サーブ練習

レセプション練習

セット・アップ練習

ディグ練習

ブロック練習

スパイク練習

ゲーム練習

チームづくり

頭の上下運動を
なくすようにする

習得できる技術
▶ フォーム・フットワーク
▶ ボールコントロール
▶ 状況判断
▶ コンビネーション
▶ フォーメーション

回数 or 時間
10本

目的　体をのけぞらせない

レセプションのときは目線を変えないようにし、オーバーハンドでとるべきか、アンダーハンドでとるべきかを判断する。レセプションのときに体がのけぞってしまうようなときは、修正の意味でも行うとよい。

やり方

ネット前でネットより下で低くかまえる。指導者が正面からサイドハンドでサーブを打ち、それをレセプションする。ボールの高さによってアンダーハンドでとるか、オーバーハンドでとるかを見極める。

ポイント

ネットの下からボールを見る

つねにネットの下に頭があるイメージで行う。そこからボールを覗き込むようにする。

【アンダーハンド】

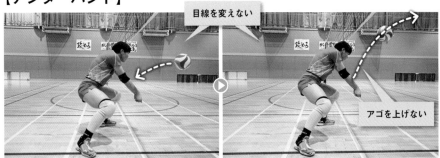

目線を変えない

アゴを上げない

ネットと体の間に
スペースができる

のけぞりながらとると、ネットと体の間にスペースができ、ボールがネットにかかる。レセプションのときにこの体勢になると、ボールコントロールができない。

形づくりを意識する

体をのけぞらせないようにする意識づけなので、指導者のボールがネットにかかったときものけぞらないようボールの下の部分を上目遣いで見るように心がける。

【オーバーハンド】

ボールを弾く

パス練習

サーブ練習

レセプション
練習

セット・
アップ練習

ディグ練習

ブロック練習

スパイク練習

ゲーム練習

チームづくり

習得できる技術
▶ フォーム・フットワーク
▶ ボールコントロール
▶ 状況判断
▶ コンビネーション
▶ フォーメーション

回数 or 時間
10本

ボール下への入り方を意識する

目的　落下点に入り、
　　　　体が浮き上がらないようにする

レセプションは腕でとるのではなく、足を動かすことが重要。落下地点に素早く入り、ボールを待つようにする。ボールを待てずに、体が浮き上がってしまう人に行う修正練習にもなる。

やり方

ネットをはさんで指導者がサーブを打ち、そのボールを大腿に当てる。

ボールが飛んでくる方向の足から出す

パス練習

サーブ練習

レセプション練習

セット・アップ練習

ディグ練習

ブロック練習

スパイク練習

ゲーム練習

チームづくり

待つ感覚を
身につける

自分からボールをとりにいかず、待つ感覚を大事にする。大腿に当てたボールはきちんと返らなくてもよい。

腰が
回ってしまう

ボールが飛んできた方向の足に当てると、ボールをコートの中に返すため腰を回すような動きにつながってしまう。

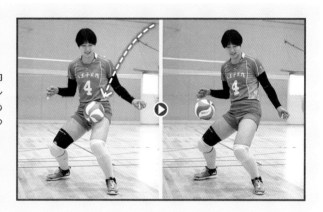

落下地点に
入って待つ

左に移動すれば右足
右に移動すれば左足に当てる

習得できる技術
▶ フォーム・フットワーク
▶ ボールコントロール
▶ 状況判断
▷ コンビネーション
▷ フォーメーション

回数or時間
各コース3分ずつ

実際の位置どりで
レセプションする

目的　生きたボールで
基本を実践する

実際のレセプションのフォーメーションに入り、P28〜P35で学んだレセプションの基本を意識しながら生きたボールで実践する。

やり方

3人1組となりレセプションのフォーメーションに入る。反対コートの後方に台を3カ所置き、その上から打たれたサーブを受ける。❶❷❸のコースを3分ずつ行うので、プレーヤーは3本レセプションしたら交代し、3カ所すべて行う。

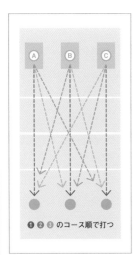

❶❷❸のコース順で打つ

アドバイス

コース打ちを意識する

サーブを打つ人はコース打ちの練習にもなるのでストレート、クロスを意識しながら打つ。またボールがぶつからないように、❷のケースは、A、Bが同時に打ったあとにCが打つ。❸のケースはB、Cが同時に打ったあとにAが打つようにする。

移動する方向
の足から出す

パス練習

サーブ練習

レセプション練習

セット・アップ練習

ディグ練習

ブロック練習

スパイク練習

ゲーム練習

チームづくり

選手の声

さまざまなボールの見方を学んだ

さまざまな方向からのボールに対して、足のステップや
ボールの見方を学ぶことができました。

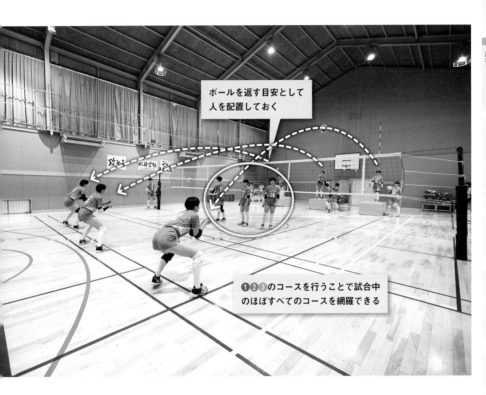

ボールを返す目安として
人を配置しておく

❶❷❸のコースを行うことで試合中
のほぼすべてのコースを網羅できる

返球したい方向
の足を前に出す

レセプション時の前後の動きを覚えよう

習得できる技術
▶ フォーム・フットワーク
▶ ボールコントロール
▶ 状況判断
▶ コンビネーション
▶ フォーメーション

回数or時間
各10本

目的　動きの中で同じ足の形をつくる

これまでに習得したレセプションの複合的な基礎練習。前にきた
サーブを拾ったあと後ろに下がり、同じ足の形をつくる。

やり方

指導者が台上からサーブを打つ。前（❶❸）、後ろ（❷❹）に打た
れたサーブを連続でレセプションする。ライト側、レフト側、両方
行う。

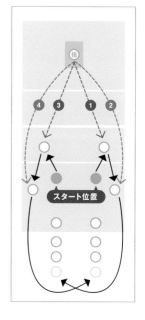

 NG

腰や腕を回す

左から飛んできた
ボールに対して、右
足を前にしてとると
ボールを送るときに
腰を回し、腕を振る
ことにつながる。

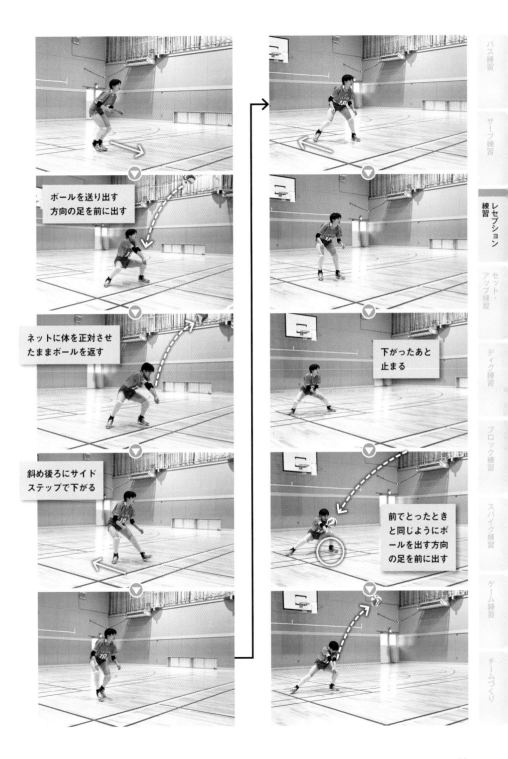

ボールを送り出す
方向の足を前に出す

ネットに体を正対させ
たままボールを返す

斜め後ろにサイド
ステップで下がる

下がったあと
止まる

前でとったとき
と同じようにボ
ールを出す方向
の足を前に出す

パス練習

サーブ練習

レセプション
練習

セット・
アップ練習

ディグ練習

ブロック練習

スパイク練習

ゲーム練習

チームづくり

習得できる技術
▶ フォーム・フットワーク
▶ ボールコントロール
▶ 状況判断
▶ コンビネーション
▶ フォーメーション

回数or時間
1分

レセプションは3人でとる意識を持つ

目的 ## サーブに対して2人以上の人が動く

セッターとミドルブロッカーを入れた、より実戦に近い形でのレセプション練習。これまで習得した基本の動きを使い、隣の人とのつながりを意識し、1つのボールに対して2人以上がとりにいく。

やり方

レシーバー3人、セッター、ミドルブロッカーが入り、レセプションからクイックまでを行う。残りの人は順番にサーブを打つ。

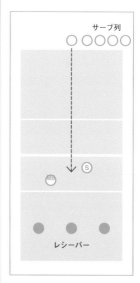

サーブ列

レシーバー

選手の声

ミスが減った

全員でボールをとりにいくことでミスをしてもカバーの動きにつなげることができ、ミスが減りました。

とる声、とらせる声を出す

MB 攻める S

クイックを使えるボールを返球する

ミドルブロッカーとセッターは、それぞれ本数を決めて交代する

40

タン・タッ・タンのリズムで動く

自分がとらないボールに対しても3人が連動して動くとつなぎが
よくなり、ノータッチで落ちることはなくなる。移動するときは
「タン・タッ・タン」のリズムを意識して動くことを心がける。

**自分がとらないときは
カバーの体勢に入る**

**「タン・タッ・タン」
のリズムで動く**

● **連動するレシーバー
の動き（バックセンター）**

| ボールが飛んでくる方向に
1歩目を「タン」と出す | すぐに「タッ」と
2歩目を引きつけ | 3歩目を
「タン」と出す |

レセプションに
参加しない

レセプションをする人
だけが動いて、そのほ
かの2人が見ているだ
けだとミスにつながる。

レセプションは
基礎・基本をやり続ける

レセプションが苦手な人は多いと思います。苦手な人の動きでよく見かけるのが、自分からボールを迎えにいってしまったり、下から腕をすくってしまったりするケースです。ボールは下から突然出てくるわけではなく、必ず上から落ちてくるので、落ちてくるのを待つことが大事です。

またボールの勢いを吸収するためにはヒザを柔らかく使わないといけないので、初心者の方はけん玉のときのヒザの使い方をイメージするといいと思います。

あとは前へならえの状態でかまえ、飛んでくるボールに対して、レールを敷くようなイメージで面をつくると落下地点が読みやすくなります。

レセプションはとにかく基礎・基本が大切です。難しいことをやる必要はありません。

飛んでくるボールに対して拾うときの面をどのように出すか、面はきちんとセッターの方向を向いているか、またそのときの足の向きはどうなっているかなど、細かいポイントをいかにきちんとやり続けられるかが上達の鍵です。

足のさばき方や考え方は指導者によって違うかもしれませんが、「自分たちのチームの基本はこうですよ」と決めたら、それを徹底的に使って続けていけば、絶対にレセプションはうまくなります。

第4章

セット・アップ練習

セットはセッターだけがするわけではない。
ディグが乱れたときなどは
ほかの選手がハイ・セットするケースは多々あるので
全員で取り組もう。

習得できる技術
▶ フォーム・フットワーク
▶ ボールコントロール
▶ 状況判断
▶ コンビネーション
▶ フォーメーション

回数or時間
10本

指を立てて
方向性を安定させる

目的　**指の向きを意識させる**

オーバーハンドのとき、人さし指を上に向けてパスすると、ボールを出すときに指先で追うことができ、ボールの方向性が安定する。指の向きを意識させるため、ボールを指でさしてからパスを行う。

やり方

指導者にボールを投げてもらい、人さし指でボールをさしたあとにセット・アップする。

人さし指で
ボールをさす

人さし指でボールを出す

✕ NG

指が寝てしまう

指が寝てしまうとヒジが張り、パスを飛ばせず安定しない。

指が外に開き、ボールを追うことができない

習得できる技術
▶ フォーム・フットワーク
▶ ボールコントロール
~~連携力~~
~~コンビネーション~~
~~フォーメーション~~

回数or時間
各10本

不安定なところで軸を立ててパスをする

目的 ## 体の軸を整える

不安定なところで片足のセット・アップ練習を行い、体の軸を整える。

やり方

バランスディスクの上に片足でのり、指導者に投げてもらったボールをレフト方向、ライト方向にセット・アップする。

体の軸を立てる

選手の声
セットが上げやすくなった

ラリー中など、不安定な体勢からでもセットがしやすくなりました。

× NG

体が前に倒れる

ボールを出すときに体を前に倒さない。セッターはどの練習も同じ。

レフト方向へ

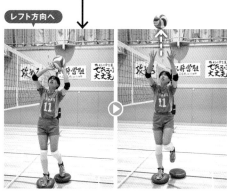

ライト方向へ

上半身の力を使い
パス力を身につける

習得できる技術
▶ フォーム・フットワーク
▶ ボールコントロール
▶ 状況判断
▶ コンビネーション
▶ フォーメーション

回数or時間
各10本

目的　足の力を使わずに体幹と肩甲骨を使う

足の力を使わずに、体幹と肩甲骨を使ってパスを出す。飛距離が伸びるだけでなく、ジャンプしたときもオーバーハンドで飛ばすことができる。

やり方

ネット際にイスを置き、セッターはレフト方向に向かって座る。指導者に山なりのボールを投げてもらい、レフト方向、ライト方向にパスをする。

NG

上半身と手首を前に倒す

手の力で飛ばそうとしすぎて、体と手首が前に倒れてしまう。体が前に倒れると、力が逃げて遠くに飛ばせないので、体の軸を立てておく。

体の軸が斜め

ポイント

体の向きを変える

指導者の方向を見てボールを待ち、ボールがきたら体の向きを変えてパスをする。

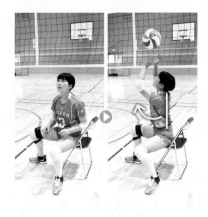

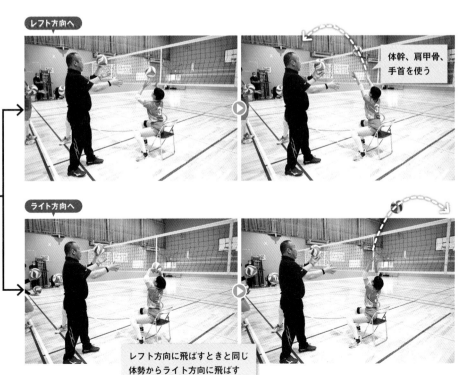

レフト方向へ

体幹、肩甲骨、手首を使う

ライト方向へ

レフト方向に飛ばすときと同じ体勢からライト方向に飛ばす

47

移動しながら正確に
セット・アップする

習得できる技術
▶ フォーム・フットワーク
▶ ボールコントロール
▶ 状況判断
▶ コンビネーション
▶ フォーメーション

回数or時間
3本×10セット

目的 距離感をやしなう

やり方

遠いところから前に移動しながらパスすることで距離感をやしなう。距離、パスの高さ、速さを考え、テンポを合わせる。

ネット際にセッターが立ち、ライト側から出されるボールを前に移動しながら3本連続でレフトにセット・アップする。

 NG

目でボールを追う

目だけでボールを追うと、体の左側でボールをとらえるため、体の回転を使うことができない。

ボールがくる方向に
体を正対させる

指導者から出されるボールに
体を正対させてボールを待つ。
ボールがきたら体を素早く
90度回転させ、レフト方向
におへそを向ける。セット・
アップの形で止まってからセ
ットするようにする。これを
前に進みながら、3本連続で
行う。

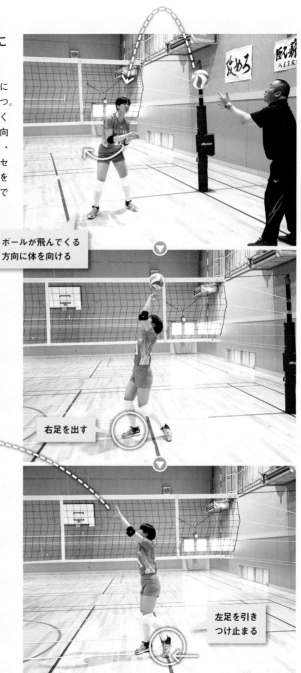

ボールが飛んでくる
方向に体を向ける

右足を出す

左足を引き
つけ止まる

パス練習

サーブ練習

レセプション
練習

セット・
アップ練習

ディグ練習

ブロック練習

スパイク練習

ゲーム練習

チームづくり

49

方向転換しながらの パス練習

習得できる技術
▶ フォーム・フットワーク
▶ ボールコントロール
▶ 状況判断
▶ コンビネーション
▶ フォーメーション

回数or時間
10本

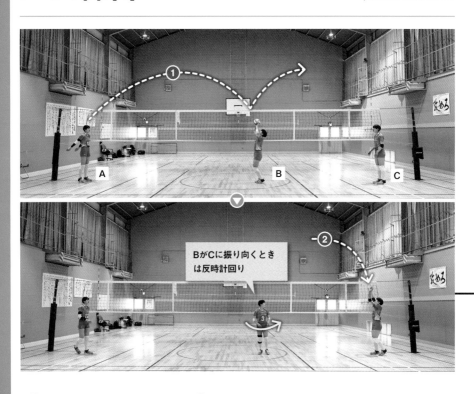

BがCに振り向くときは反時計回り

選手の声

バックライトからのボールが上げやすくなった

バックライトなど難しい角度からのボールを理想通りのセットにしやすくなりました。

❌ NG

上げる方向におへそが向いていない

BからAに返すとき、おへそが上げる方向に向いていないと（半身の状態）、手の力だけでボールを運ぶこととなり、正確にパスすることができない。

上げる方向

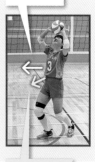

おへその向き

目的 **自分の位置と飛ばす　　　　方向の感覚づくり**

セッターは自分の位置を把握することが大事。方向を変えながらのパス練習でその感覚をやしなう。セッターのウォーミングアップとして行うとよい。

やり方

3人組になり、ネット際でレフト＝A、センター＝B、ライト＝Cに位置する。実施者はBの位置に入る。すべてオーバーハンドで行い、❶AがBにパスをする❷BはCにバック・パスしてCのほうを向く❸CがBにパスで返す❹Bは体を反転させ、Aにパスで返す。これを繰り返す。

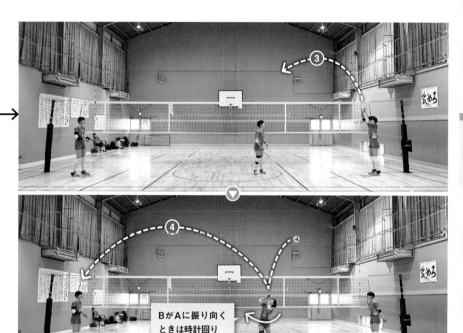

Bが Aに振り向く
ときは時計回り

ポイント

足のステップを
意識する

BからAに返すとき
（上の4枚目の写真）、
左足→右足→左足のス
テップを使ってパスを
出す。

左足　　　　　右足　　　　　左足

習得できる技術
▶ フォーム・フットワーク
▶ ボールコントロール
▶ 状況判断
▶ コンビネーション
▶ フォーメーション

回数or時間
各10本

ハイ・セットのための面づくり

目的　**スパイカーの方向に面を向ける**

ハイ・セットの基本を習得するための練習。面を向けてパスを出すことで、
スパイカーがボールを読みやすく、打ちやすいボールになる。

🔑 **ポイント**

面が見える
ように意識する

飛ばしたい方向に面を向
けるだけでなく、スパイ
カーが面を見やすいよう
に体を使って送り出す。

落下地点で止まる

52

背中を向け、腕を振る

ボールにさわるときに止まらず、背中を向け、腕を振ると、どこにボールが飛ぶか読みづらく、面が見えないのでスパイカーは打ちづらくなる。

パス練習

サーブ練習

レセプション練習

セット・アップ練習

ディグ練習

ブロック練習

スパイク練習

ゲーム練習

チームづくり

やり方

セッター位置に入る。バックセンターから指導者が山なりのボールを出す。これをレフト方向にアンダーハンドでセット・アップする。ライト方向へのセット・アップも同様に行う。

レフトまで飛ばす

ボールが落ちてくるのを待つ

面を見せながら体の向きを変える

2本連続で
実戦に近づけよう

習得できる技術

▶ フォーム・フットワーク
▶ ボールコントロール
▶ 状況判断
▶ コンビネーション
▶ フォーメーション

回数 or 時間
各10本

パターン 1 Aパスからのセット→レフトへのハイ・セット

目的

ボールを見ながら
守備位置に戻る

投げてもらったボールではなく、ディグからセット・アップすることで、より生きたボールに近づける。また2本連続で行うことで、守備位置への戻り方を身につける。

やり方

❶指導者がライトに位置し、Aにクロス・スパイクを打つ❷Aがディグしたボールを、Bがセッター位置に入りレフト側にセット・アップする❸Bが守備位置まで戻り、指導者がBにスパイクを打つ。Bはディグで直上に上げる❹オーバーハンドでレフト側にハイ・セットする。

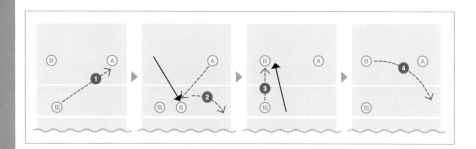

ボールを見ながらセッター位置に入る

レフトにセット・アップする

組み合わせを変える 【レフトへのハイ・セット→ライトへのセット】

指導者の位置、打つコース、セット・アップする方向を変えることで、いろいろなパターンをつくることができる。

やり方

❶指導者がレフトに位置し、Aにストレート・スパイクを打つ ❷Aがディグしたボールを、Bがレフト側にセット・アップする ❸Bがレシーブ位置まで戻り、指導者がBにスパイクを打つ。Bはディグで直上に上げる ❹オーバーハンドでライト側にセットする。

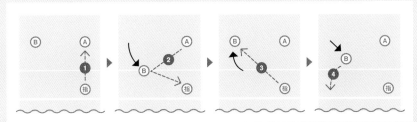

レフトにセット・アップする

直上にディグしたボールを自分でライトにセットする

ボールを見ながら守備位置に戻る

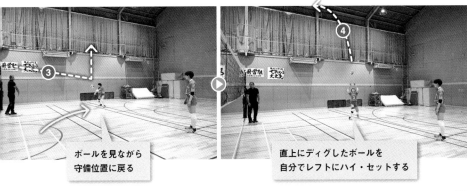

ボールを見ながら守備位置に戻る

直上にディグしたボールを自分でレフトにハイ・セットする

パス練習

サーブ練習

レセプション練習

セット・アップ練習

ディグ練習

ブロック練習

スパイク練習

ゲーム練習

チームづくり

パターン **2**

ライトへのハイ・セット→ レフトへのハイ・セット

目の使い方を覚える

ラリー中の目の使い方を意識する。セット・アップする前に、ボールから目を離し、レフト方向に目線を向ける。そこからレフト、ライトどちらにもセットできるようにする。

やり方

❶指導者がライトに位置し、Aにクロス・スパイクを打つ❷Aがディグしたボールを、Bがライト側にセット・アップする❸Bが守備位置まで戻り、

指導者がBにスパイクを打つ。Bはディグで直上に上げる❹オーバーハンドでレフト側にハイ・セットする。

✕ NG

ライトに背を向けてセットする

ライト方向に背を向けてボールをとると、ライト側へのバック・パスは出しやすいが、レフト側にセット・アップしづらいため、相手チームにセット・アップの方向が読まれやすくなる。

ライト方向

💡 ポイント

レフトに正対してセット・アップする

セッターはレフトに正対してセット・アップする。この体勢からだとレフト側にもライト側にも上げることができる。

レフトに正対した体勢からライトにセットする

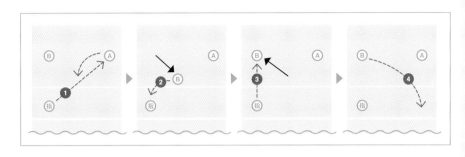

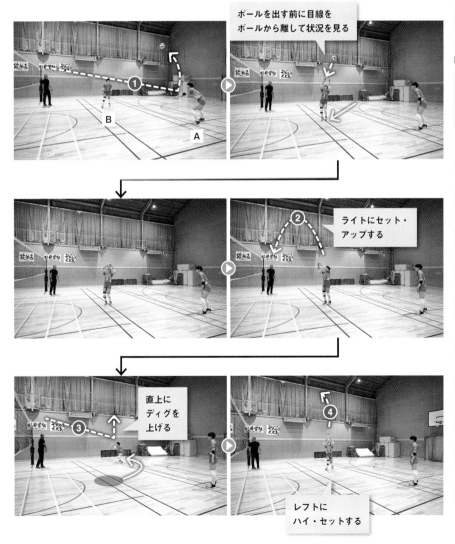

ボールを出す前に目線を
ボールから離して状況を見る

ライトにセット・
アップする

直上に
ディグを
上げる

レフトに
ハイ・セットする

B　A

スパイカーを入れて実戦に近づける

習得できる技術
▶ フォーム・フットワーク
▶ ボールコントロール
▶ 状況判断
▶ コンビネーション
▶ フォーメーション

回数 or 時間
各10本

目的　スパイカーの打ちやすいボールを意識する

実際のゲームと同じような状況で上げたディグをハイ・セットにつなげる。また実際にスパイカーを入れることで打ちやすいセットを意識する。

やり方

コートに2人入り、❶指導者がコート後方からAにスパイクを打つ❷Aがディグしたボールを❸Bがライト方向にハイ・セットする❹Aがスパイクを打つ。逆サイドも同様に行う。

アドバイス

ゲームに近いボール出しをする

指導者はスパイクを打ったり、フェイントをしたりしてゲームに近いボール出しを意識する。

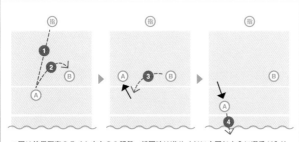

＊図は使用写真のライト方向のみ記載。練習時は逆サイドにも同じように選手が入り、指導者は交互にボールを出して効率よく行う。

パス練習

サーブ練習

レセプション
練習

セット・
アップ
練習

ディグ練習

ブロック練習

スパイク練習

ゲーム練習

チームづくり

ポイント

スパイカーに面を見せる

ディグが上がったら素早くボールの落下地点に
入り、飛ばしたい方向を一瞬見てから上げると、
スパイカーの位置や状況が確認できる。またア
ンダーハンドでパスを送る場合は、スパイカー
に面を見せるようにして上げると、スパイカー
も予測しやすい。

面を見せる

止まった状態で上げる

ラリー中を想定した
セット・アップ練習

習得できる技術
▶ フォーム・フットワーク
▶ ボールコントロール
▶ 状況判断
▶ コンビネーション
▶ フォーメーション

回数 or 時間
各10本

目的 ネット付近のボールの処理を覚える

ネット付近のボールには、ネットに当たったボールや相手にブロックされたあとのブロック・フォローなどがある。ここではネットに当たったボールの処理を覚えると同時に、ブロック・フォローからの攻撃ということも合わせて、ボールの処理の仕方、動き方を意識してセット・アップにつなげる。

やり方

指導者がネットにボールを当てる。Aがレシーブし、Bがそのボールをライト側にセット・アップする。逆サイドも同様に行う。

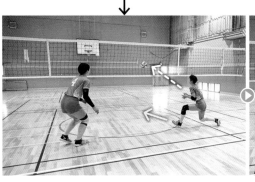

ネット下でボールをとらえる

パス練習

サーブ練習

レセプション練習

セット・アップ練習

ディグ練習

ブロック練習

スパイク練習

ゲーム練習

チームづくり

1・2のリズムを声に出す

ネットに当たった瞬間を「1」、レシーブするときを「2」と数える。みんなで声を出しながらリズムで覚える。

イチッ！

ニッ！

ボールを待てない

ボールが落ちてくるのを待てずに白帯のあたりでボールをとると、ボールの下に入れず、タッチネットもしやすい。

アドバイス

フォローまで行う

セット・アップしたあとは、スパイカーのブロック・フォローまで想定して行うと、より実戦に近づく。

直上に上げる

習得できる技術

▶ フォーム・フットワーク
▶ ボールコントロール
▶ 状況判断
▶ コンビネーション
▶ フォーメーション

回数or時間
10本

ボールをとらえる
タイミングをつかむ

目的　ボールの落ち際の感覚を身につける

セッターはセット・アップする際の間のとり方が重要となる。レシーブされたボールの頂点を意識し、ボールの落下スピードを感じとってお

でこの上にボールをのせ、止めるような感覚を身につけることで安定したセット・アップを可能にすることができる。

やり方

セッター位置に入り、指導者に山なりのボールを出してもらう。ジャンプして額の上でボールをとらえて、着地する。

降り際にボールをとらえ、ボールの勢いを吸収する

パス練習

サーブ練習

レセプション練習

セット・アップ練習

ディグ練習

ブロック練習

スパイク練習

ゲーム練習

チームづくり

跳び箱を使って感覚をやしなう

跳び箱を使うと、
ジャンプのよう
な高さが出るの
で、ボールが落
ちてくる速度に
合わせ、自分が
降りることで、
"落ち際"の感
覚を身につける
ことができる。

右足で跳ね
て降りる

ぶつかりにいく

ボールに向かっ
ていくと、ボー
ルと衝突する形
となり、飛ばす
ときにより力が
必要になる。

ボールをおでこの上にのせるイメージで、
弾みを抑える

COLUMN 4 | セッターは教えすぎては いけないポジション

　昔からセッターは「バレーボールの7割を占める」といわれているポジションです。それほどチームの中で重要な役割を担っており、ゲームの勝敗を左右するポジションでもあると思います。

　そのためセッターのセット・アップに対して厳しい言葉を投げかける指導者の方を見受けますが、私の考えではセッターは自立した人でなければダメだと思っているので、基本的な技術を教えたあとは何も言わないようにしています。

　実際、自立した選手であればあるほど、「もっとこういうことがしてみたい」「こういうバレーをやってみたい」と自分から答えを導き出しはじめます。

　私の教え子に、東京2020オリンピックに出場した籾井あきがいますが、彼女は本当に想像力と発想力に長けていました。そういう選手がセッターであるべきだと思いますし、指導者が思っている以上のことを軽々とやってしまうのが、いい選手です。

　セッターだからこそ、クリエイティブな部分が必要なので、こちらの型にハメすぎないことが大事だと思います。

　もちろん、選手自身が「このときはどうすればいいんですか？」と聞いてきたときは、多少のアドバイスはしますが、教えすぎてはいけないポジションなのが、セッターではないでしょうか。

第5章

ディグ練習

ディグは基本のフットワークを意識しつつ
ブロックとの位置関係をつくることが大事。
実戦に近い練習の中で
ディグのスキルを上げていこう。

ディグの基本技術

横滑り

サイドにボールがきたとき、ボールがきたほうの足から出し、ボールをとったあとに斜め前方にヒザを床につけないよう体の側面を滑らせる。逆サイドも同様。

ヒザ滑り

前のほうにボールがきたときに、ヒザのサポーターを使って滑り込み、ボールの下にもぐり込むイメージでディグをする。

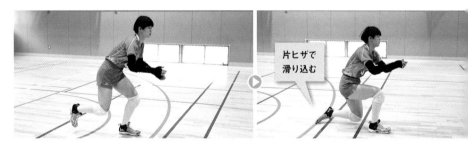

片ヒザで
滑り込む

フライング

前のほうにボールがきたときに、跳び込んでディグをする。

ボールを上げてから
フライングする

ディグをするときに使う基本的な動きを紹介。
飛んできたボールの種類によって瞬時に判断し、これらの動きを使い分ける。
ディグをしたあと、自分の体を守るためにも大事な動きとなる。

パス練習

サーブ練習

レセプション練習

セット・アップ練習

ディグ練習

ブロック練習

スパイク練習

ゲーム練習

チームづくり

体の中心でとらずにボールがきたほうのヒザの前でとる

ボールをとったあとに倒れる

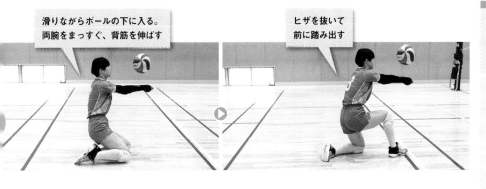

滑りながらボールの下に入る。両腕をまっすぐ、背筋を伸ばす

ヒザを抜いて前に踏み出す

フライングしたあとにヒジを伸ばす

67

習得できる技術
▶ フォーム・フットワーク
▶ ボールコントロール
▶ 状況判断
▶ コンビネーション
▶ フォーメーション

回数 or 時間
10本

ディグ時の
処理能力を高める

目的　自由に手を出しボールを前に上げる

両手を広げて届く範囲のボールに対し、自由に手を出し、ボールを前に返せるようにする。
アンダーハンド、オーバーハンドどちらでもかまわないので、瞬時の処理能力をやしなう。

やり方

開脚座りをし、指導者にスパイ
クを打ってもらう。アンダーハ
ンド、オーバーハンドを使って
ディグをする。

アドバイス

ランダムに
球出しする

指導者（スパイクを
打つ人）は強く打た
なくていいので、ア
ンダーハンドでとる
位置、オーバーハン
ドでとる位置、さら
には正面、左右とラ
ンダムに打つように
する。

①基本のアンダーハンド

ボールがきた方向にヒジから出していく

②上の正面にきたボール

両手の手根部（手のひらの付け根）で上げる

③胸元にきたボール

ヒジを曲げて上げる

④横の上にきたボール

グーで上げる

パス練習

サーブ練習

レセプション練習

セット・アップ練習

ディグ練習

ブロック練習

スパイク練習

ゲーム練習

チームづくり

ポイント

ヒジを自由に動かす

どんなボールに対しても対応できるようにヒジを柔軟に動かし、8の字を描くようにしてヒジから手を出すイメージを持つ。

 NG

両手を前で組んで振り回す

ヒジから動かさずに両手を前に組んだまま振り上げると、振り遅れたときにボールを弾いてしまう。

習得できる技術
▶ フォーム・フットワーク
ボールコントロール
状況判断
コンビネーション
ゲームモーション

いろいろなディグの動きを覚える

回数or時間
10本

目的 両方向に動けるようにする

左右にくるボールに対して、両方向に動けるようにする。ボールをとりにいくときの足のリズム（1・2・3）を大事にし、ボールを腰で運ぶ。

やり方

スタート地点にイスを置き、3人以上の奇数で並ぶ。指導者はプレーヤーの踏み出す足のヒザの前を目がけて左右交互に投げる（またはスパイクで打つ）。これをディグで返したら最後尾に並び、続ける。

イチ

ヒジから入る

ニッ

ボールがくるほうの足から出す

ポイント

内側のエッジで押さえ込む

1歩足を出したとき、つま先、ヒザ、面の向きを一緒にする。反対の足は、靴の内側のエッジで押さえ込む。

つま先、ヒザ、面の向きを揃える

靴の内側のエッジを使う

2列レシーブで効率よく

人数が多いチームは2列で行う。指導者は左右に交互にスパイクを打つ。ここで練習したように横に走り抜けるパターンのほか、P66～P67で紹介した「横滑り」「ヒザ滑り（写真）」「フライング」を取り入れる。ただし、最初は交ぜて行うと混乱するので、1つずつ絞って行い、慣れてきたらランダムに行う。

サン

走り抜ける

かかとが上がる

後ろ足のかかとが上がると、体が浮き上がり、頭も下がりやすい。ボールの下に入ってディグすることを考えると、この体勢ではボールの下に入れず、ボールの勢いを抑え込むことができない。

パス練習

サーブ練習

レセプション練習

セット・アップ練習

ディグ練習

ブロック練習

スパイク練習

ゲーム練習

チームづくり

ランニングしながら技術を高める

習得できる技術
▶ フォーム・フットワーク
▶ ボールコントロール
▶ 技術判断
▶ コンビネーション
▶ ゲームシチュエーション

回数 or 時間
5分

目的

コントロールを意識する

一般的なペッパーをランニングで行う。スパイクを打つ人はコントロールが求められ、ディグする人は球威を吸収することが求められる。指導者がボールを出さなくても自分たちでできるウォーミングアップとなる。

やり方

3人組になり、AとBが9mほど離れて向かい合う。CはBの後ろにつく。❶Aがスパイクを打つ❷Bがディグで返す。Bは走ってAの後ろにつく❸AがCにセットする❹Cがスパイクで打ち返す❺Aがディグで返して、走ってCの後ろにつく❻Cがセットし、Bがスパイクを打つ。これを繰り返す。

アドバイス

テーマを決める

つなげるペッパーなのか、続かなくてもいいから強打するペッパーなのか、テーマを決めてやることが大事。

選手の声

ラリーになったときにこの動きが大事

下がるときに目線を変えないよう意識して練習しました。実際、ラリーになったときは、この動きがすごく大事になってくると実感しています。

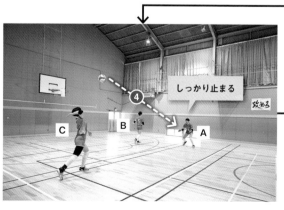

ポイント

かかとで踏む

ディグの動作は、下がる→止まる→前に行ってディグをする、という流れが基本。ラリー中は「下がって前、下がって前」の動きの繰り返し

となる。この練習でもセット・アップしたあとは、下がってかかとでしっかり踏み、床をよくとらえてから前へ出ていくことを意識する。

足を開いて止まり、そこから前に出ていく

パスを出したら下がる

大きく動いて
広い範囲をカバーする

習得できる技術
▶ フォーム・フットワーク
▷ ボールコントロール
▷ 状況判断
▷ コンビネーション
▷ フォーメーション

回数or時間
5周×2セット

目的 **走り抜けるときの足の運びを覚える**

走ってボールをとりにいくときの基本的な足の運びを習得する。1・2・3の
リズムを意識し、ディグの形をつくる。

やり方

バックレフト側に1列に並び
（4人以上）、指導者が中央に打
つスパイクを斜め前に走りなが
らディグする。そのまま走り抜
けてバックライト側に並ぶ。最
後尾の選手が終わったら、今度
は逆方向に走りながらディグす
る。同じように走り抜けてバッ
クレフト側に並ぶ。これを繰り
返す。

アドバイス

一定のリズムで
球出しする

指導者は一定のリズム
でなるべく同じところ
にボールを出すように
する。

ボールにさわるタイミングで
「ハイ！」と声を出す

バックライト側

バックレフト側

おへそを見せながら戻る

NG

かかとが浮く＆ボールを見ずに戻る

かかとが浮くと体が
浮き上がってしまう
（左）。あるいはディ
グしたあとボールを
見ていないと、次の
動作が遅れる（右）。

ポイント

リズムを大事にする

右に行くときは右足から出し、左に行くときは
左足から出す。1・2・3のリズムでディグを
して、アタックラインまで走り抜ける。靴の内

側のエッジをきかせ、手を振らず、体が外に向
かないよう、円を描くようにしてスタート位置
に戻る。

パス練習

サーブ練習

レセプション練習

セット・アップ練習

ディグ練習

ブロック練習

スパイク練習

ゲーム練習

チームづくり

習得できる技術
▶ フォーム・フットワーク
▶ ボールコントロール
▶ 状況判断
コンビネーション
フォーメーション

回数or時間
5～7分

コートの中央に ディグを上げる

目的

ボールをつなげる意識を持つ

ディグの基本動作を使い、実際のゲームに近い形の中で行う。ボールをコントロールすることに重きを置き、つなげる努力をする。

やり方

フロントレフト（A）、フロントライト（B）、バックセンター（C）に1人ずつ入る。残りの人はCの後ろに1列で並ぶ。❶Aがストレート・コースにスパイクやフェイントを打つ❷Cがディグで返す（Cはフロントレフトに移動する）❸そのボールをAがBにセット・アップする（Aは最後尾に並ぶ）❹Bがストレート・コースにスパイクやフェイントを打つ❺Dがディグで返す（Dはフロントライトに移動する）❻そのボールをBがCにセット・アップする（Bは最後尾に並ぶ）。これを繰り返す。

ポイント

次に何をするかを考える

ディグをしたら打つ場所に移動する。ボールを打ったらセット・アップする。セット・アップをしたらフォローの動きまでを意識する。ボールをつなげるために、次は何をしなければならないかを理解しながら行動に移す。

アドバイス

打ち手もコントロールを意識

目的はディグ練習だが、スパイクを打つ人もコントロールを意識する。とくにラリー中はコートのコーナーが空きがちで、ストレート側に打てる技術は自分たちの体勢が崩れたときに試合で役立つ。

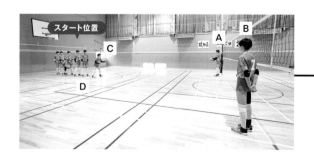

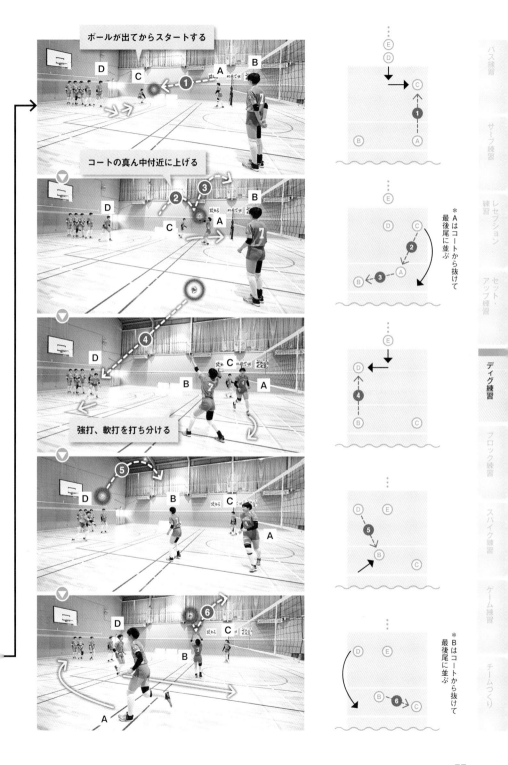

ボールが出てからスタートする

コートの真ん中付近に上げる

強打、軟打を打ち分ける

＊Aはコートから抜けて最後尾に並ぶ

＊Bはコートから抜けて最後尾に並ぶ

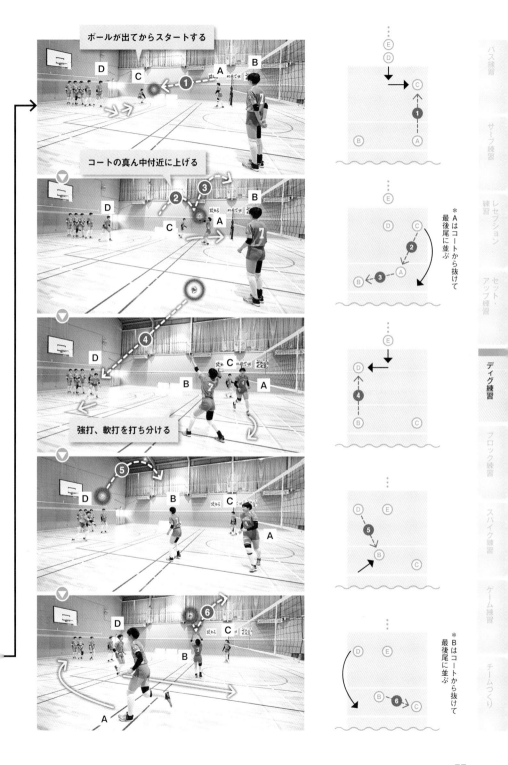

パス練習
サーブ練習
レセプション練習
セット・アップ練習
ディグ練習
ブロック練習
スパイク練習
ゲーム練習
チームづくり

習得できる技術
▶ フォーム・フットワーク
▶ ボールコントロール
▶ 状況判断
▶ コンビネーション
▶ フォーメーション

両サイドからの
クロス攻撃を想定する

回数or時間
5〜7分

目的 　守備位置に入り止まる

P76 〜 P77 のバリエーション。両サイドからクロスに打たれるスパイクを想定
し、セット・アップされたら守備位置に移動し、止まってからディグをする。

やり方

フロントレフト（A）、フロントライト（B）、バックセンター（C）に１人ずつ入る。残りの人はCの後ろに１列で並ぶ。❶Bがクロス・コースにスパイクを打つ❷Cがバックレフトに移動しディグする（Cはフロントライトに移動する）❸そのボールをBがAにセット・アップする（Bは最後尾に並ぶ）❹Aがクロス・コースにスパイクを打つ❺Dがバックライトに移動しディグする（Dはフロントレフトに移動する）❻そのボールをAがCにセット・アップし（Aは最後尾に並ぶ）、Cがクロス・コースに打つ。これを繰り返す。

ポイント
移動→止まる→ディグ

動きながらのディグは、進行方向にきたボールには対応できるが、逆サイドを突かれたときに対応できないので、移動→止まる→ディグのタイミングに注意する。

アドバイス
動作のタイミングを徹底する

この練習では両サイドからのオープン攻撃を想定しており、移動したあとにディグをしたが、移動したあとに必ず止まることを意識する。セット・アップされてから移動し、スパイカーがテイクバックをとったときには止まってディグの準備をする。動作のタイミングを徹底することが大切。

E
D
スタート位置　C
B　　A

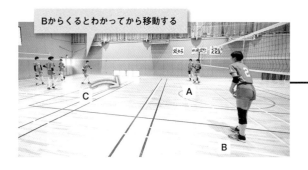

Bからくるとわかってから移動する

C　　A
B

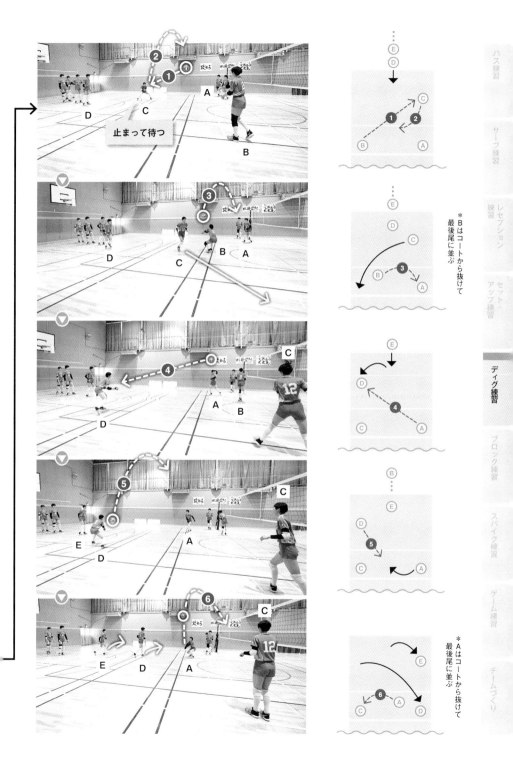

止まって待つ

*Bはコートから抜けて
最後尾に並ぶ

*Aはコートから抜けて
最後尾に並ぶ

パス練習

サーブ練習

レセプション練習

セット・アップ練習

ディグ練習

ブロック練習

スパイク練習

ゲーム練習

チームづくり

コースを限定し
ディグの強化を図る

習得できる技術	
▶ フォーム・フットワーク	
▶ ボールコントロール	
▶ 状況判断	
▶ コンビネーション	
▶ フォーメーション	

回数 or 時間
5分

目的

セットからの移動を
速やかにする

スパイクのコースをクロスに限定し「クロスのディグをがんばろう」と意識させる。そこからセット・アップ、スパイクにつなげて実戦に近い状況をつくる。セット・アップしたあと、すぐにディグの位置まで下がることがポイントとなる。

やり方

4人1組になり、フロントレフト（A）、フロントライト（B）、バックレフト（D）、バックライト（C）に1人ずつ入る。❶DからBにボールを出す❷A、C、Dが守備位置まで下がり、Bがクロス方向にスパイクを打つ❸AとDのどちらかがディグする❹上がったボールをBとCのどちらかがハイ・セットでAに上げる❺BとCが守備位置まで下がり、Aがクロス方向に打つ❻BとCのどちらかがディグする❼上がったボールをAとDのどちらかがハイ・セットでBに上げる。これを繰り返す。

NG

後ろ向きで下がる

ディグの位置に移動するとき、ボールを見ずにバックステップで下がるとスパイクに入るタイミングがとりづらくなる。

セット・アップ
したらすぐに下がる

パス練習

サーブ練習

レセプション練習

セット・アップ練習

ディグ練習

ブロック練習

スパイク練習

ゲーム練習

チームづくり

レシーバーの動きを連動させる

ブロック、ディグのかまえの状態から、Bにセット・アップしたあと（練習写真の❷の場面）、サイド・クロス・ホップのリズムで連動して守備位置まで下がる。

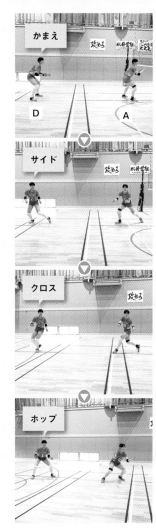

かまえ

サイド

クロス

ホップ

習得できる技術
▶ フォーム・フットワーク
▶ ボールコントロール
▶ 状況判断
▶ コンビネーション
▶ フォーメーション

回数or時間
1分

コート上の穴を
埋めるように動く

目的　6×9mのコートを
　　　　2人でカバーする

はじめに3人でディフェンス体制をつくり、ディグ、ハイ・
セット、フォローまで行う。スリーメンのように見えるが、
この練習では1人がフォローで抜けるため、実際は2人で
ディグをする形となり、6×9mのスペースをボールを見
ながら、どちらがとるのか、空いたスペースはどこかを理
解して動く必要がある。

やり方

3人1組になる。指導者がスパイクや
フェイントを空いているスペースに出
し、1人がディグをしたら、フォロー
に入っていないもう1人がハイ・セッ
トする。ハイ・セットした人はフォロー
にいき、残りの2人で次の攻撃にそな
える。フォローした人は空いているス
ペースに戻る。これを繰り返す。

ディグする人のほう
に体を向ける

指導者を見ながら空いて
いるスペースに移動する

フォローのあとボール、状況を見る

指導者を見ながら空いて
いるスペースに移動する

空きゾーンができてしまう

コミュニケーションがとれていないときや、ボールばかりを見てパートナーの動きを把握していないときにコートに空きスペースができてしまう（下の練習例の最後の写真がよい例）。

フォローにいった人の
スペースをそのままにしない

空きスペース

ハイ・セットしたあとは、アタック
ラインの中までフォローにいく

パス練習

サーブ練習

レセプション練習

セット・アップ練習

ディグ練習

ブロック練習

スパイク練習

ゲーム練習

チームづくり

レシーバー同士の連動を意識する

習得できる技術
▶ フォーム・フットワーク
▶ ボールコントロール
▶ 状況判断
▶ コンビネーション
▶ フォーメーション

回数 or 時間
1分

目的　連係をとりながらハイ・セットにつなげる

3人でのディグの応用編。フロア・ディフェンスの連係をとりながら、ハイ・セットにつなげる。スパイカーが実際に打てるセットを意識する。

スタート位置

レシーバー　スパイカー

やり方

コートの後方にレシーバーが3人入り、レフト、ライトにスパイカーが1人ずつ入る。指導者はネット際からランダムにスパイクを打ち、レシーバーはディグ→ハイ・セットにつなげる。両サイドにいるスパイカーがスパイクで打ち返す。これを繰り返す。

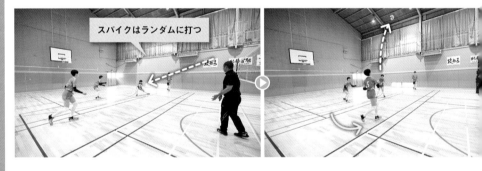

スパイクはランダムに打つ

ボールをつく音に合わせて下がりはじめる

ジャブ

指導者を見ながら半身で下がる

攻める

クロス

相手に背を
向けて戻る

３人がディグ位置に戻
るとき、動きがバラバ
ラにならないようにす
る。また指導者に背を
向けて下がると、指導
者の次の動作を見るこ
とができない。

戻るときはジャブ・クロス・ホップを使う

フォローからディグの位置に戻る一連の動きを、
３人が連動するイメージで行う。戻るときは
ジャブ・クロス・ホップを使うのが基本で、３

歩で戻れないときは、途中まで半身のランニン
グで最後の３歩をジャブ・クロス・ホップで止
まる。

ディグ・ボールを両サイドのどちら
かのスパイカーにハイ・セットする

レシーバー３人
が連動してフォ
ローに詰める

体の向きを回転させる

軽くジャンプして止まる

ホップ

パス練習

サーブ練習

レセプション練習

セット・アップ練習

ディグ練習

ブロック練習

スパイク練習

ゲーム練習

チームづくり

習得できる技術
▶ フォーム・フットワーク
▶ ボールコントロール
▶ 状況判断
▶ コンビネーション
▶ フォーメーション

回数 or 時間
各5本

その場の反復練習で ディグを強化する

目的

素早くディグの位置に戻る

台上からのスパイクで実際のゲームにより近い状況をつくり、ディグの精度を上げる。返球をコートの中央に集め、レシーバーは1本拾ったら素早くディグの位置に移動し、連続で行う。

止まった状態から
スタートする

パス練習

サーブ練習

レセプション練習

セット・アップ練習

ディグ練習

ブロック練習

スパイク練習

ゲーム練習

チームづくり

それぞれのコートのフロントレフト、フロントライトに台を置く。ボール出しのA、B、C、Dが台の上にのり、レシーバーのa、b、c、dはバックレフト、バックライトの4カ所に入る。❶Aがdにストレート・スパイク、Cがaにクロス・スパイクを同時に打つ。❷Dがbにクロス・スパイク、Bがcにストレート・スパイクを同時に打つ。これを繰り返す。

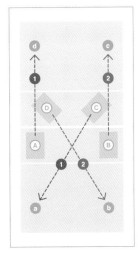

順番を決めて打つ

練習を行うときは、手前のコートはクロス・コース、奥のコートはストレート・コースと決めて、ボールがぶつからないよう順番も決めて打つことで同時に4カ所入ることができる。人数が多いチームでもすぐに順番が回ってくるので、限られた時間で効率よく練習できる。

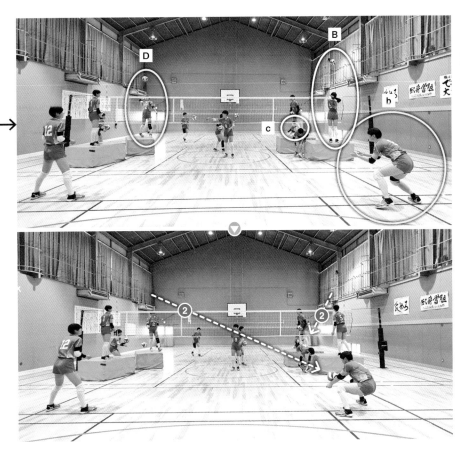

3通りのコースを
数多く練習する

回数or時間
各6本

目的 コースに合わせて向きを変える

攻撃にはセッターのツーアタック、1stテンポ（A、B、C、Dクイック）、2ndテンポ（セミクイック）、3rdテンポ（オープン攻撃）があるので、まずはセッターの位置に照準を合わせ、そこから体の向きを切り替えてディグする。できるだけ多くの本数をこなすようにする。

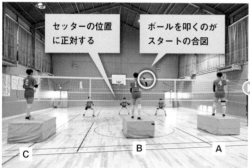

セッターの位置に正対する

ボールを叩くのがスタートの合図

C　　B　　A

ボールを出す人を見ながら下がる

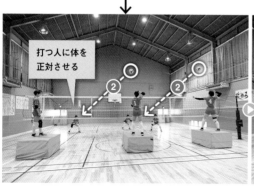

打つ人に体を正対させる

パス練習

サーブ練習

レセプション練習

セット・アップ練習

ディグ練習

ブロック練習

スパイク練習

ゲーム練習

チームづくり

3人1組となりディグのフォーメーションに入る。反対コートのフロントレフト（C）、フロントセンター（B）、フロントライト（A）に台を置き、その上から打たれるスパイクをディグする。❶❷❸の順番で行い、これを繰り返す。

アドバイス

打つ順番を決める

スパイカーはコース打ちの練習を意識する。またボールがぶつからないように❶のコースはA、B、Cが同時に打つが、❷のコースはA、Bが同時に打ったあとに、Cが打つ。❸のコースはB、Cが同時に打ったあとにAが打つようにするとよい。

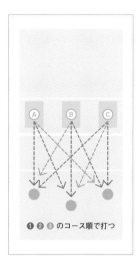

❶❷❸ のコース順で打つ

ディグの位置で形をつくり止まる

センター、サイドからの攻撃を想定する

回数or時間
各2本

目的

止まるタイミングを理解する

ベース・ポジションで1本目のディグをし、ストレートのディグ・ポジションで2本目のディグをする。2本の異なる位置からの攻撃に対し、正しいステップと目の使い方（アイワーク）を意識する。

やり方

レシーバーはバックレフト（a）、バックライト（b）の位置に入り、反対コートのネット際に台を4台置き（A、B、C、D）、そこから打たれるスパイクをディグする。❶Bがbにクロス・コースのスパイクを打つ❷Dがbにストレート・コースのスパイクを打つ❸Cがaにクロス・コースのスパイクを打つ❹Aがaにストレート・コースのスパイクを打つ。これを繰り返す。

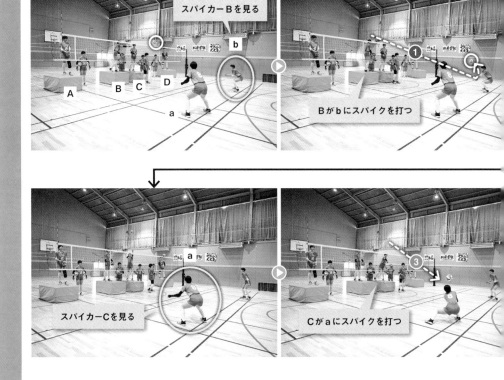

スパイカーBを見る

b

A　　B C　D

a

Bがbにスパイクを打つ

スパイカーCを見る

a

Cがaにスパイクを打つ

パス練習

サーブ練習

レセプション練習

セット・アップ練習

ディグ練習

ブロック練習

スパイク練習

ゲーム練習

チームづくり

下がったら止まる

1本拾ったあとの動きが大事。下がりながらディグをすると、逆サイドを突かれたときに対応できないだけでなく、ボールコントロールもしづらい。下がったら必ず止まることを心がける。

止まる

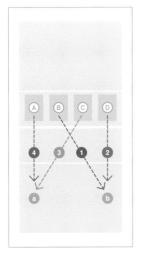

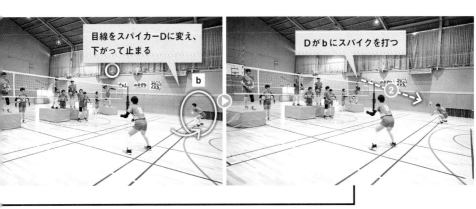

目線をスパイカーDに変え、下がって止まる

b

Dがbにスパイクを打つ

②

a

④

目線をスパイカーAに変え、下がって止まる

Aがaにスパイクを打つ

A、B、Cクイックを想定して練習する

回数or時間
1分

目的　定位置でディグする

クイック攻撃が多いチームと対戦するときなどに行う練習。ボールを出す位置をAクイック、Bクイック、Cクイックに絞る。これまでは"下がって止まる"ことを意識して練習したが、クイックの場合は下がると対応が遅れるため、定位置のままディグをする。

やり方

3人1組になり後衛の3つのポジションの定位置に入る。反対コートのセンターに3つ台を置き、その上から打たれたスパイクをディグする。スパイカーは誰が打つのかわかるように「A」「B」「C」と宣告してから打つ。

アレンジ

両サイドからの攻撃を加える

この練習の応用として両サイドからのスパイクを入れることで、より実戦的なディフェンス・フォーメーションを身につけることができる。

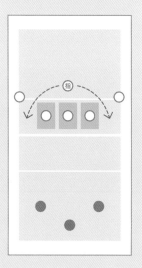

アドバイス

開脚ディグの技術を活かす

スパイカーはレシーバーの肩や胸元を狙って打つようにする。レシーバーは開脚ディグ（P68～P69）で習得した技術を活かす。胸元にきたボールには体を外に開くのではなく、肩をかぶせるようにする。

選手の声

足の使い方、面を意識した

基本練習でやってきた足の使い方や面のつくり方を意識しながら練習をしました。

パス練習

サーブ練習

レセプション練習

セット・アップ練習

ディグ練習

ブロック練習

スパイク練習

ゲーム練習

チームづくり

習得できる技術
▶ フォーム・フットワーク
▶ ボールコントロール
▶ 状況判断
▶ コンビネーション
▶ フォーメーション

回数or時間
各5分

仲間とフォーメーションを確認しよう

目的　誰がとるのかを明確にする

レフト、ライトからの攻撃を想定し、地上でのディグ・フォーメーションをつくる練習。チームの約束ごとを確認しながら、誰がとるのかを明確にする。

やり方

指導者がライト側に入り、その前にブロッカーを1人配置する(固定)。フロントレフトとバックの3人がコートに入る。指導者がブロックを避ける形でコートの空いているところにスパイクを打ち、4人でディグをする。その際、ベース・ポジションからディグ・ポジションへ素早く、正確に移動するよう注意する。レフト側からも同様に行う。

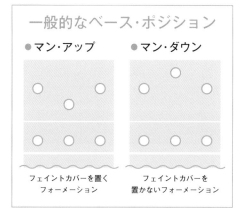

一般的なベース・ポジション

●マン・アップ　　●マン・ダウン

フェイントカバーを置く　　フェイントカバーを
フォーメーション　　置かないフォーメーション

マン・ダウンのフォーメーションからスタート

オフブロッカーはディグに参加する

ボールをついたら下がる

パス練習

サーブ練習

レセプション練習

セット・アップ練習

ディグ練習

ブロック練習

スパイク練習

ゲーム練習

チームづくり

ブロックを利用する

空いているスペースに打つだけでなく、ブロックにわざと
当ててイレギュラーなボールも練習しておく。

1本ずつ確認する

フォーメーションの確認練習なので、
ボールが落ちたら1本ずつ止めて誰が
とるボールなのかを確認する。

チーム内で共有する

チームの特徴によってフォーメーションは異なる
ため、自分のチームがどの形を選択しているのか、
チーム内で共有して行おう。

レシーバーのラインをつくる

空いているスペースに
スパイクやフェイントを出す

95

動きの連係を図り
チームの守備力を高める

回数 or 時間
5分

目的　5人の動きを揃える

P94 〜 95 で行った4人ディグのときと同じようにレシーバー同士の連係を図る。
ディグをしたら定位置に戻ることを意識し、上がり、下がりを速くする。

やり方

指導者がフロントセンターに
入り、レシーバーが5人入る。
反対コートのフロントレフト、
フロントライトにスパイカー
を配置する。指導者が出す
ボールを5人で連係しなが
ら拾い続ける。指導者はとき
どき反対コートにいるスパイ
カーに棒トスを上げてスパイ
クを打たせる。

スタート位置

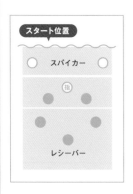

スパイカー

指

レシーバー

ボールの方向に
体を正対させる

ときどき反対コート
からの攻撃を入れる

パス練習

サーブ練習

レセプション
練習

セット・
アップ練習

ディグ練習

ブロック練習

スパイク練習

ゲーム練習

チームづくり

ポイント

ボールに正対する

5人がつねに体をボールに正対させて動くことを意識する。上がり下がりのリズムを身につけさせる。

アドバイス

外で見ている人がアドバイスする

毎回ポジションを確認するようにし、コートの中の人だけでなく、コートの外で見ている人も気づいたことがあれば伝えて共有する。

チーム内のルールを決め 苦手なコースを確認する

習得できる技術
▶ フォーム・フットワーク
▶ ボールコントロール
▶ 状況判断
▶ コンビネーション
▶ フォーメーション

回数 or 時間
各5分

目的 フォーメーションを強化する

P94〜P95で行った4人ディグの発展型。反対コートの台上からボールを出し、練習試合で拾えなかったコースを意識したり、試合前などに対戦相手の傾向を考えたりして練習する。ディグのフォーメーションの確認をしながら、ブロックとレシーバーの位置関係を強化する。

やり方

「マン・ダウン」のフォーメーションで6人がコートに入る。反対コートの台上から指導者がスパイクを打つ。ブロックに2人跳び、残りの4人でディグする。逆サイドからも同様に行う。

マン・ダウンのフォーメーションからスタートする

レシーバーは連動して動く

ディグのラインを揃える

レシーバーは連係をとって移動し、ディグのラインをつくるようにする。

スパイカーは自分目線で考える

指導者ではなくスパイカーが代わりに打つときは、どこのコースに打つと相手が拾いづらいかを考えながら打つとスパイカー自身の攻撃の練習にもなる。

パス練習

サーブ練習

レセプション練習

セット・アップ練習

ディグ練習

ブロック練習

スパイク練習

ゲーム練習

チームづくり

コートを映画館のように俯瞰して見よう

ディフェンスのイメージを伝えるとき、「コートを映画館のようにとらえてみよう」という話をします。映画館の大きなスクリーンは、近くからは見づらいけれど、遠くから俯瞰して見ると、全体が見やすくなります。バレーボールも同じで、視野が狭いと得る情報が少なくなりますが、視野を広く持つと多くの情報を取り入れることができます。

いいレシーバーを育てるには、この広い視野とそこから得た情報をどう処理するかということが重要となります。もともとディグのうまい選手はいますが、すべてのボールを拾えるわけではありません。ボールに対してやみくもに動くので

はなく、相手のセッターがどこにセット・アップし、そのボールに対してスパイカーがどう入ってきて、肩の動きがどうなっているのかをよく見極め、そこから自チームのブロック、レシーバーの位置を決める、というディフェンスの理屈や考え方をしっかり教えてこそ、はじめて個々の技術も活かされてくると思うのです。

また移動のときのフットワークも大事で、フロア・ディフェンスに参加している選手たちが、まるで踊りを踊っているかのように連動した動き（ステップ）がとれていることが、チームとしては理想です。

第6章

ブロック練習

ゲームの中でブロックが果たす役割は大きい。
個人の技術を磨きつつ、
チームとしてどういうブロックを目指すか、
共通の意識を持って練習しよう。

習得できる技術
▶ フォーム・フットワーク
▶ ボールコントロール
▶ 状況判断
▶ コンビネーション
▶ フォーメーション

回数or時間
10本

タオルを使って両手を平行に出す

目的　手の形をつくる

まずは手の形をつくるため、ジャンプせずに行う。ボールをきちんと見て、両手を平行に出し、相手に手のひらを見せるようにする。

やり方

ネット際に台を置き、その上にのる。タオルを肩幅くらいで握り、ネットの前に出しブロックの姿勢をつくる。指導者がフロアからブロック目がけてスパイクを打つ。

ポイント

手根部を見せる

肩甲骨から腕を動かすイメージで、白帯をすり上げるように両手をネットの前に出す。ネットとの隙間をつくらないようにし、手根部を相手に見せる。タオルを使うことで指のケガ予防にもなる。

タオルと白帯を平行にする

アドバイス

手に力を入れて手のひらを見せる

両手を平行に出せるようになったら、タオルなしで行う。手に力を入れて、手のひらを相手に向ける。

習得できる技術
▶ フォーム・フットワーク
▶ ボールコントロール
▶ 状況判断
▶ コンビネーション
▶ フォーメーション

回数or時間
4〜6本

ジャンプをして
フォームを意識する

目的　空中で基本姿勢をつくる

実際に跳んだ状態でブロックをする。ジャンプしたときの姿勢＆フォーム、力を入れるタイミングなどをつかむ。

やり方

ネット際でかまえる。指導者がフロアからスパイクを打つ。これをジャンプしてブロックする。

両手を残す

つま先を上げる

NG

指先を前に出す

ブロックのときに指先を前に出すと、指の脱臼や骨折などのケガをしやすい。ブロックは基本的に手のひらを前に見せるだけでいいというのが、すべてのブロック練習に共通していえる。

パス練習
サーブ練習
レセプション練習
セット・アップ練習
ディグ練習
ブロック練習
スパイク練習
ゲーム練習
チームづくり

ステップを入れた
ブロックを習得する

習得できる技術
▶ フォーム・フットワーク
▶ ボールコントロール
▶ 状況判断
▶ コンビネーション
▶ フォーメーション

回数 or 時間
各3本

目的　まっすぐに手を出す

移動してブロックする際も、ネットと平行に両手を出すことを意識するために
タオルを使って行う。タオルを使うことで自らの形を確認することができる。

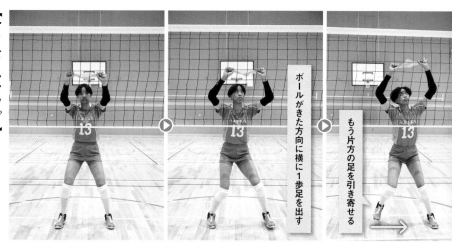

【サイドステップ】

ボールがきた方向に横に1歩足を出す

もう片方の足を引き寄せる

【クロスステップ】

ボールがきた方向に横に1歩足を出す

体が流れると
ボールを弾く

体が流れてしまうと、スパイクを弾いてしまう可能性が高くなるので、速い攻撃に追いつけないときは無理に追いかけない。自分の行けるところまで行って、まっすぐ跳ぶようにする。

パス練習

サーブ練習

レセプション練習

セット・アップ練習

ディグ練習

ブロック練習

スパイク練習

ゲーム練習

チームづくり

やり方

タオルを肩幅で握り、ネット前でかまえる。サイドステップで移動しブロック・ジャンプする。クロスステップで移動しブロック・ジャンプする。反対方向も同様に行う。

タオルとネットを平行にする

両手を残す

両足で踏み切る

もう片方の足をクロスさせて斜め前に出す

両足で踏み切る

タオルとネットを平行にする

両手を残す

105

習得できる技術
▶ フォーム・フットワーク
▶ ボールコントロール
▶ 状況判断
▶ コンビネーション
▶ フォーメーション

回数 or 時間
各6本

負荷をかけて
空中での体幹を鍛える

パターン 1　その場ジャンプ

目的

重りを持って正確に行う

空中でのブロック姿勢をつくるために、3kgのメディシンボールを用いる。重りを持ってジャンプするだけで体幹トレーニングになる。その場のジャンプからはじめて、サイドステップ、クロスステップと徐々に動きを加えていく。重りを持った状態で正確に行うことが大事。

やり方

メディシンボールを持って、ネット際に立つ。ブロックの要領で真上にジャンプする。両手をネットの上に出し、着地する。

 ポイント

つま先を上げる

ジャンプしたときにつま先を上げるように意識すると、体が「く」の字になり強いスパイクに負けない空中姿勢ができる。

ボールをネットの前に出す

1回、1回止まる

パターン2 ステップを入れる

目的　肩甲骨を動かす

肩甲骨から両手を前に出すことを意識する。両手がネットを越えていないと、メディシンボールを強く落とすことができない。

やり方

メディシンボールを持ってネット際に立つ。センターからサイドにクロスステップで移動し、ブロック・ジャンプする。両手をネット前に出しボールを反対コートに落とす。反対方向も同様に行う。

手首を使って強く落とす

アレンジ

より負荷をかける

反対コートのアタックラインからメディシンボールを転がしてもらい、しゃがんでとったら、そのままブロック・ジャンプし、ネット上から相手コートにメディシンボールを落とす。しゃがむことでフルスクワットになり、より負荷がかかる。

パス練習

サーブ練習

レセプション練習

セット・アップ練習

ディグ練習

ブロック練習

スパイク練習

ゲーム練習

チームづくり

足の使い方と
真上ジャンプを意識する

習得できる技術
▶ フォーム・フットワーク
▶ ボールコントロール
▶ 状況判断
▶ コンビネーション
▶ フォーメーション

回数or時間
3往復

目的 しっかり踏み込み、
体が流れないようにする

実際には8mの距離を走ってブロックすることはほぼないが、体が流れてしまうようなブロックを修正するために行う。スピードが出ているので、しっかり踏み込み勢いを止めること、体の軸がまっすぐ立っていることを意識する。

選手の声

逆サイドに強くなった

ラリー中に逆サイドに振られたときも、ブロックでついていけるようになった気がします。また、バックスイングのときの腕の振りを速く、コンパクトにすることで、助走の勢い、スピードをジャンプに活かして高く跳べるようになりました。

やり方

ブロック・ジャンプからスタートし、走って逆サイドまで行き、ブロック・ジャンプする。着地したらまた逆サイドに走って同じようにブロック・ジャンプする。

8m

着地したら素早く移動する

ブロックに跳んでからスタート

つま先を相手コートに向ける

ジャンプするときはクロスステップを使う。そのときつま先を相手コートにしっかり向けて止まる。つま先が外を向いた状態だと勢いを止められず体が流れてしまう。

全力で跳ぶ

クロスステップで合わせる

ブロックのタイミングを合わせる

習得できる技術
▶ フォーム・フットワーク
▶ ボールコントロール
▶ 状況判断
▶ コンビネーション
▶ フォーメーション

回数or時間
3セット

目的　足のステップを揃え、ブロックの間をしめる

ボールを使わずに声を出してブロック・ジャンプのタイミングを合わせる。仲間と連係し、足のステップを揃える。ブロックのステップがバラバラだとブロックの間があく原因となり、隣の人の足を踏んでケガをすることもあるので注意する。

スタート位置

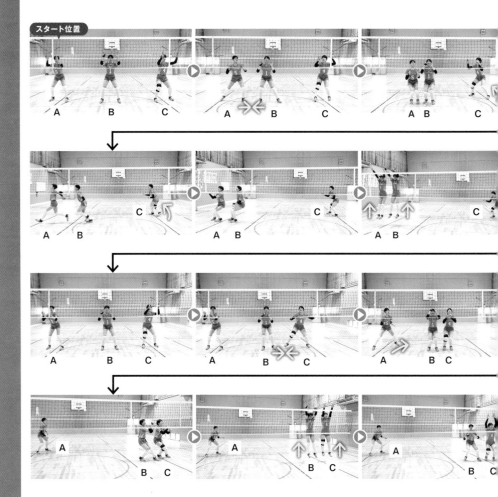

パス練習

サーブ練習

レセプション練習

セット・アップ練習

ディグ練習

ブロック練習

スパイク練習

ゲーム練習

チームづくり

やり方

ネット前に３人でかまえる。A（ライト＝OP）がサイドステップでB（センター＝MB）に寄り、C（レフト＝OH）は１歩下がってディグの体勢をつくる。AとBがブロック・ジャンプする。着地したらすぐにAとBでライト方向へ行き、ブロック・ジャンプしスタート位置に戻る。今度はCがサイドステップでBに寄り、Aは１歩下がってディグの体勢をつくる。BとCがブロック・ジャンプする。着地したらすぐにBとCでレフト方向へ行き、ブロック・ジャンプしスタートの位置に戻る。これを繰り返す。

ポイント

腰骨と肩をつけるイメージ

ジャンプのときに２人が腰骨と肩をつけるようにすると互いの間があかない。着地の際に隣の人を捻挫させることもあるので、まっすぐ跳んでまっすぐ降りることを意識する。

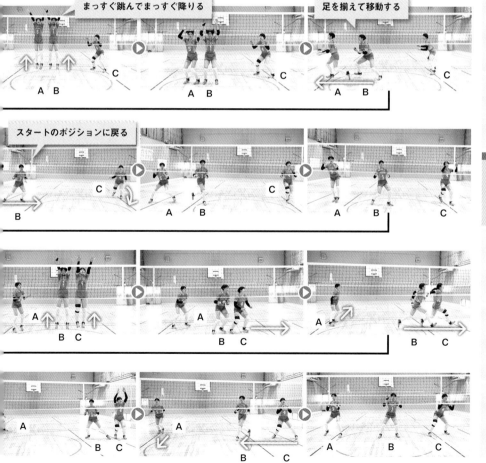

まっすぐ跳んでまっすぐ降りる

足を揃えて移動する

スタートのポジションに戻る

COLUMN 6 | ブロックはコツコツ 毎日行う

　バレーボールはサーブ、レセプション、セット・アップ、スパイク、ブロック、ディグと大まかに６つの要素に分けることができます。八王子実践ではサーブ、レセプションと同じくらい重要だと考えているのがブロックです。もしかしたらブロック練習に全体の３分の１くらいの時間を費やしているかもしれません。

　基本的にブロックは位置どり、タイミング、ブロックの形の３つのポイントが揃えば成立するので、これらを意識して練習に取り組むようにしています。

　ブロックを個人技として考えれば、背が高かったり、ジャンプ力があったりすることは有利ですが、ブロックだけでは

なくディグも含めて、ワンセットのディフェンスとしてとらえているので、ゲーム練習などで行うとより効果的だと思います。

　ブロックで大切なのは、チームとしてどういう考えのもとで位置どりするかを決めておくことです。それによって後ろのディフェンス・フォーメーションも変わってくるからです。

　チームの中でブロックの跳び方を共通認識として定着させるためにも、ブロックを意識した練習は毎日やることが大事です。チーム事情はそれぞれですが、10分でもいいのでブロック練習は毎日、取り入れることをおすすめします。

第7章

スパイク練習

スパイクはただ強く打てばよいわけではない。
コースを狙ったり、ブロックを利用したりする
技術も必要となるので、
状況をイメージしながら磨いていこう。

習得できる技術
▶ フォーム・フットワーク
▶ ボールコントロール
▶ 状況判断
▶ コンビネーション
▶ フォーメーション

回数 or 時間
5本

床を両足で蹴って タイミングをつかもう

目的 踏み切りを速く、強くする

助走をつけてジャンプしても、最後に左足・右足と接地すると一瞬止まってしまうので、ロイター板を用いて両足で強く踏み切ることを意識する。一気にジャンプすることでより速く跳ぶことができ、速いセット・アップにも対応しやすい。初心者でもタイミングがとりやすく、覚えやすい踏み切りなのでスパイクの導入として行うとよい。

やり方

壁の前にマット、ロイター板を配置する。1列で並び、1歩助走でロイター板の上で踏み切り、ジャンプしてマットに着地する。終わったら最後尾に並ぶ。

マットが動かないように壁際にセットする

❌ NG

足が開きすぎる

踏み切るときに両足が開きすぎると、床を蹴る力が上ではなく前に抜けてしまうので高く跳べない。

【1歩助走】

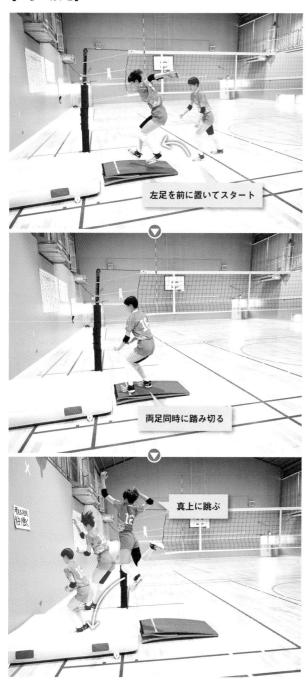

左足を前に置いてスタート

両足同時に踏み切る

真上に跳ぶ

パス練習

サーブ練習

レセプション練習

セット・アップ練習

ディグ練習

ブロック練習

スパイク練習

ゲーム練習

チームづくり

👆 アドバイス

足を後ろから 前に振り子の ように蹴る

ジャンプしたあと、足を後ろから前へ振り子のように蹴ることを意識すると、より体を使った力強いスパイクをイメージすることができる。

✂ アレンジ

助走をつける

ジャンプに入るタイミング&感覚がつかめたら、助走をつけて行う。

👤 選手の声

高く跳べるように

両足同時に踏み切ることで助走のスピードを活かして高く跳べるようになりました。

115

ドライブ回転のかけ方を覚えよう

習得できる技術
▶ フォーム・フットワーク
▶ ボールコントロール
▶ 状況判断
▶ コンビネーション
▶ フォーメーション

回数or時間
5本

目的　**下からこすり上げる**

上から落下してくるボールを下からこすり上げることで、初心者でもドライブ回転を簡単にかけることができる。この技術を覚えておくと、ダイレクトボールや、その場でしか打てない体勢のときに役立つ。

やり方

ネット前に立って自分でトスを上げ、助走をつけずにバックステップを使いジャンプしてネットを越えるように打ち返す。

頭の上にトスを上げる

1歩下がってジャンプする

NG

叩きつける

ボールの上を叩くと
ネットにかかってしま
う。またボールを叩き
つけようとすると、打
つときにヒジが下がっ
てしまう。

スマッシュを
打つイメージ

バドミントンのスマッシュの
イメージで打つようにする。
下から上にドライブをかける
ことが大事なので、コートに
ボールが入らなくてもいい。

長いボールを
打てるように
なった

ドライブのかけ方を覚
えたことで、コートい
っぱい長いボールを打
てるようになりました。

下から上に叩き上げる

スイングして体を前に倒す

パス練習
サーブ練習
レセプション練習
セット・アップ練習
ディグ練習
ブロック練習
スパイク練習
ゲーム練習
チームづくり

スパイクの一連の動作を確認する

習得できる技術
▶ フォーム・フットワーク
▶ ボールコントロール
▶ 状況判断
▶ コンビネーション
▶ フォーメーション

回数 or 時間
5本

目的　**ボールを体の前でとらえる**

ボールの高さに合わせて、助走のスピード、ジャンプするタイミングを見極め、つねにネット・ボール・自分という位置関係をつくり出す。スパイクの一連の動作の確認となるが、ボールの上がり際を打つのでクイック攻撃を習得したい人にもいい練習となる。

やり方

コートの後方からアタックラインくらいに山なりのボールを放り投げる。ボールがワンバウンドして上がり際でスパイクを打つ。

山なりのボールを投げる

ネット、ボール、自分の位置関係を崩さない

1人でもできるスパイク練習だが、うまくできないときは指導者がボールを出すようにする。大事なことは、ネット、ボール、自分の位置関係を崩さないようにすること。

ボールに
逆回転がかかる

ボールの下をこすると逆回転がかかり（左写真）、ボールを押し出すと回転がかからず（右写真）、いずれもスパイクをふかす＝アウトになる要因となる。

ボールがバウンドするのを見る

ボールの上がり際をとらえる

下から叩き上げる

パス練習

サーブ練習

レセプション練習

セット・アップ練習

ディグ練習

ブロック練習

スパイク練習

ゲーム練習

チームづくり

基本のクロス打ちを習得する

習得できる技術
▶ フォーム・フットワーク
▶ ボールコントロール
▶ 状況判断
▶ コンビネーション
▶ フォーメーション

回数or時間
（ペアで）各10本×2セット

目的　**手首を使う**

試合中は体の向く方向に打つだけでなく、コースを変えて打つことが重要。
クロス打ちの基本となる練習となるので手首の使い方を意識し取り組む。

やり方

ネットをはさんでフロントレフトに１人ずつ入る。Aがスパイクをクロス方向に打つ。Bがディグ→セット・アップ→スパイクで打ち返す。Aもディグ→セット・アップ→スパイクでBに打ち返す。これを続ける。逆サイドも同様に行う。

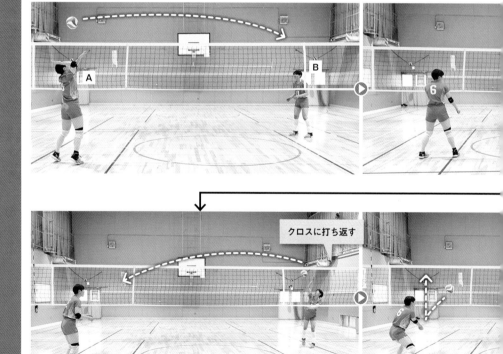

クロスに打ち返す

親指の向きを意識する

レフトからは親指が下になるようにスイングし、ライトからは親指が上になるようにスイングするとクロスに打つことができる。

親指が上

親指が下

レフトからのスイング

ライトからのスイング

ディグを直上に上げる

セット・アップする

パス練習

サーブ練習

レセプション練習

セット・アップ練習

ディグ練習

ブロック練習

スパイク練習

ゲーム練習

チームづくり

連続スパイクで
体力アップを図る

習得できる技術
▶ フォーム・フットワーク
▶ ボールコントロール
▶ 状況判断
▶ コンビネーション
▶ フォーメーション

回数or時間
各4本×3～5セット

目的 いい体勢で打つ

長いラリーが続いたときでもいい体勢で打ち込めるようなスタミナをつける。同時に下がり方も意識する。

やり方

レフト側に入り、セッターに棒トスを上げてもらう。スパイクを打ったら3ステップで戻り、またスパイクを打つ。これを4本連続で行う。ライト側も同様に行う。

レフト側から打つときは左足前スタート。ライト側から打つときは右足前

コートの中を向きながら戻る

4本目が一番いいのが理想

体の軸がぶれると着地も崩れてケガにつながるので注意する。4本ともいい形で打てるのが理想で、できれば4本目が一番いいスパイクになるようにする。

何度でも打ち切る力がついた

この練習により下がりの速さ、スパイクのパンチ力、ジャンプ力がアップしたと思います。実際の試合でラリー中の下がりの速さと、何度でも打ち切る力を身につけることができました。

3ステップで戻る

スパイクを打ったあと、コートの中を向きながら3ステップでスタート位置に戻るようにする。3ステップ目で体をネットに正対させ、次の助走にそなえる。

サン　ニッ　イチ

パス練習
サーブ練習
レセプション練習
セット・アップ練習
ディグ練習
ブロック練習
スパイク練習
ゲーム練習
チームづくり

相手を惑わす技術を習得する

習得できる技術
▶ フォーム・フットワーク
▶ ボールコントロール
▷ 状況判断
▷ コンビネーション
▷ フォーメーション

回数or時間
5往復

目的　**進行方向とは違う方向に打つ**

実際のゲームではブロックがあるので、それをかわすためにも進行方向を向いて入っていきながら、逆ゾーンに打つようなスパイク技術が必要となる。

やり方

スパイクを打つ人はレフト側に1列に並ぶ。セッターがセンターに棒トスを上げる。斜めに助走していき、スパイクを打つ。打ち終わったらライト側に並ぶ。全員が打ち終わったら、ライト側からも同様に行う。

アドバイス

「アッチ向いてホイ」のイメージで打つ

基本的にはどこに打ってもいいが、進行方向にまっすぐ打たないようにする。「アッチ向いてホイ」のように相手を惑わすことが大事なので、進行方向とは違う方向に打つ動作が入っていればよい。

パス練習

サーブ練習

レセプション練習

セット・アップ練習

ディグ練習

ブロック練習

スパイク練習

ゲーム練習

チームづくり

胸を開く

耳からヒジを出すイメージ

体の回転を使う

ポイント

肩を入れ替える

テイクバックのときは体を開き（左肩が前に出ている状態）、体のひねり（横回転）を使い、肩の位置を入れ替えながらスイングする（右肩が前に出ている状態）。体の開きがないと手先だけの打ち方になってしまい、逆方向に打つのが難しくなる。また、体は開いていても横ぶりになると打点が下がるので気をつける。

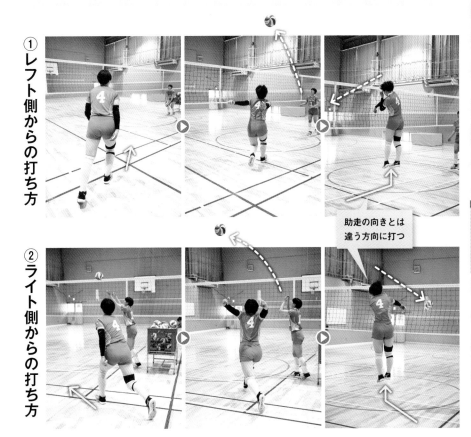

① レフト側からの打ち方

② ライト側からの打ち方

助走の向きとは違う方向に打つ

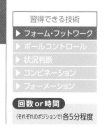

習得できる技術
▶ フォーム・フットワーク
▶ ボールコントロール
▶ 状況判断
▷ コンビネーション
▷ フォーメーション

回数 or 時間
（それぞれのポジションで）各5分程度

スパイクを打つため
素早く備える

目的　正しいステップで速く下がる

ブロック・ジャンプのあと、下がってからスパイクを打ちにいくことを想定してのフットワーク。いかに速く、いかに遠くまで下がれるかで次のプレー（＝スパイク）に影響する。

スタート位置

ボールがきた方向の足から出す

クロスステップを使う

しっかりブロック・ジャンプする

着地後すぐに方向転換。おへそをボールに向けて下がる

1歩目は右足

2歩目は左足

パターン 1 レフト側の下がり方 〜アウトサイドヒッター〜

やり方

レフト側でかまえブロック・ジャンプする。クロスステップでアタックラインくらいまで下がり、スパイクの助走に入る（ライト側は逆の動き）。

ポイント

おへそをボールに向けて下がる

ブロックからスパイクに入るとき3歩で下がる（写真3〜4列目の一連の動き）。そのときボールの方向におへそを向けることを意識する。

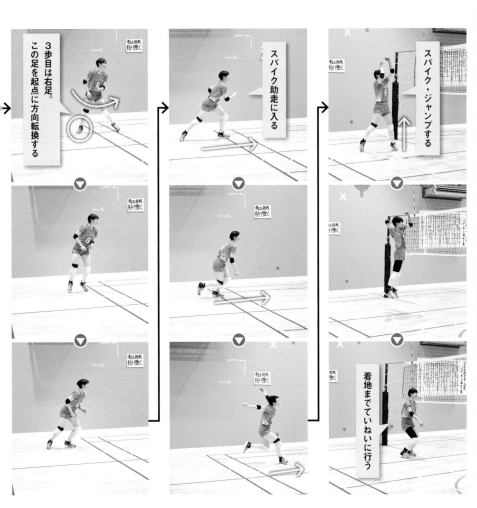

3歩目は右足。この足を起点に方向転換する

スパイク助走に入る

スパイク・ジャンプする

着地までていねいに行う

パス練習

サーブ練習

レセプション練習

セット・アップ練習

ディグ練習

ブロック練習

スパイク練習

ゲーム練習

チームづくり

パターン 2

ミドルブロッカーの下がり方①

やり方

ネットに正対しセンターでかまえる。レフト側に移動しブロック・ジャンプする。クロスステップでアタックラインくらいまで下がり、Bクイックの助走に入る。

アドバイス

助走の入り方を工夫する

ミドルブロッカーの場合、攻撃のパターンがAクイック、Bクイック、Cクイックと想定できるため、助走の入り方も3パターン練習しておく。

スタート位置

スタート位置

移動はクロスステップを使う

しっかりブロック・ジャンプする

着地後すぐに方向転換

体重が後ろにかからないようにする

Bクイックの助走に入る

パス練習

サーブ練習

レセプション練習

セット・アップ練習

ディグ練習

ブロック練習

スパイク練習

ゲーム練習

チームづくり

パターン3

ミドルブロッカーの
下がり方②

やり方

ネットに正対しセンターでかまえる。ライト側に移動しブロック・ジャンプする。クロスステップでアタックラインくらいまで下がり、Bクイックの助走に入る。

スタート位置

B A C

Bクイックの助走に入る

スタート位置

移動はクロスステップを使う

しっかりブロック・ジャンプする

着地後すぐに方向転換

習得できる技術
▶ フォーム・フットワーク
▶ ボールコントロール
▶ 状況判断
▶ コンビネーション
▶ フォーメーション

回数or時間
各3本×3セット

1本ずつコースを考え打ち分ける

目的　いろいろな種類のスパイクを打たせる

助走の入り方にも種類があり、まっすぐに入るスパイク、回り込んでのスパイク、斜めに追いかけるスパイクなどがある。いろいろなパターンのスパイクを打つことが目的となる。

やり方

スパイクを打つ人はレフト側に並ぶ。❶レフトからスパイクを打つ❷センター方向に斜めに下がり、センターからスパイクを打つ❸まっすぐ下がり、センターからレフト方向に斜めに入りスパイクを打つ。ライト側からも同様に行う。

アドバイス

3歩でアタックラインまで下がる

スパイクを打ったあと、速く下がって次の動作に備えることが大事。P123のポイントで紹介した下がり方（右ページのOK側）を意識し、3歩で下がるようにする。

1本目は回り込んで助走しレフトから打つ

斜めに下がりセンターに移動する

まっすぐ下がる

ポイント

バックステップをしない

バックステップで下がると、体重が後ろにかかるため、次の動作が遅くなる。

OK

サン　ニッ　イチ

NG

2本目はまっすぐ助走しセンターから打つ

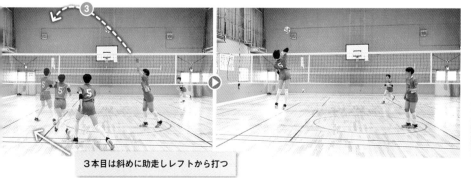

3本目は斜めに助走しレフトから打つ

習得できる技術
▶ フォーム・フットワーク
▶ ボールコントロール
▶ 状況判断
▶ コンビネーション
▶ フォーメーション
回数or時間
5〜8分

自分でディグして ハイ・セットを打ち込む

目的　ディグの動作から回り込んで開く

ディグをしたあとに回り込んで開き、ハイ・セットに対応するのが狙い。
ボールが上がるところに体を向けながら開くことを意識する。

リベロまたはセッターはディグした人にセットする

OH　　　MB　　　OP　　　S

L

リベロを見ながら回り込んで開く

パ ス 練 習

サ ー ブ 練 習

レ セ プ シ ョ ン 練 習

セ ッ ト ・ ア ッ プ 練 習

デ ィ グ 練 習

ブ ロ ッ ク 練 習

ス パ イ ク 練 習

ゲ ー ム 練 習

チ ー ム づ く り

やり方

ネットを背にしてフロントレフトにアウトサイドヒッター（OH）、フロントセンターにミドルブロッカー（MB）、フロントライトにオポジット（OP）のポジションの選手が入る。セッター（S）はバックライト、リベロ（L）はバッククレフトに位置する。指導者がコート後方からスパイクを打ち、ディグした選手が開いて、セッターまたはリベロがハイ・セットしたボールをスパイクする。

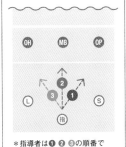

＊指導者は❶❷❸の順番でスパイクを打つ

アドバイス

反対コートにも6人入る

人数が多いチームは反対コートにも6人入り、打たれるスパイクに対して、ブロックに跳び、ディグとの関係をつくる練習を同時に行うようにする。

133

助走の入り方を工夫し下がり方を意識する

習得できる技術
▶ フォーム・フットワーク
▶ ボールコントロール
▶ 状況判断
▶ コンビネーション
▶ フォーメーション

回数or時間
各3本×5セット

目的

あらゆる状況を想定する

レセプション、チャンスボール、ハイ・セットの3パターンを想定し、3本連続でスパイクを打つ。スパイカーは1本ずつ助走の入り方を変え、下がり方も意識する。

アドバイス

打ちやすいところに打たない

3本すべてを強打しつつ、ブロックやディグをイメージしながらコースを狙う。打ちやすいところに打たないようにする。

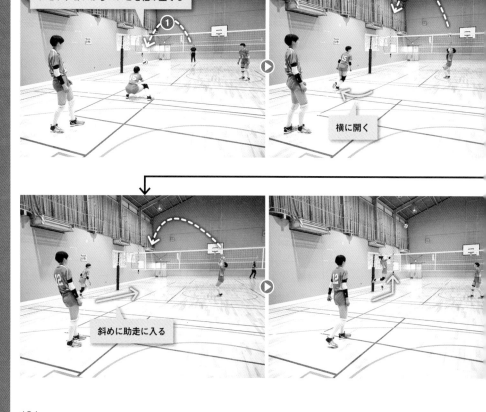

レセプションからコンビを組み立てる

横に開く

斜めに助走に入る

パターン 1

レフトからの
3本スパイク

パス練習
サーブ練習
レセプション練習
セット・アップ練習
ディグ練習
ブロック練習
スパイク練習
ゲーム練習
チームづくり

やり方

レフト側でかまえ、❶指導者①がサーブ
を打つ。自分でレセプションしたらセッ
ターのセット・アップをスパイクする❷
指導者②がライト側からチャンスボール
をセッターに入れ、セッターのセット・
アップをスパイクする❸指導者②がコー
ト中央にボールを入れ、リベロのハイ・
セットをスパイクする。

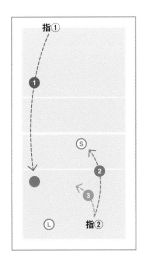

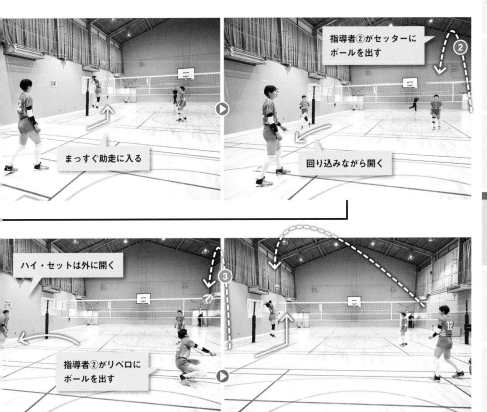

まっすぐ助走に入る

指導者②がセッターに
ボールを出す

回り込みながら開く

ハイ・セットは外に開く

指導者②がリベロに
ボールを出す

パターン 2

センターからの3本スパイク

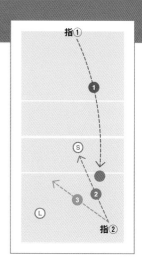

やり方

ライト側でかまえ、❶指導者①がサーブを打つ。自分でレセプショ
ンしたらセッターのセット・アップをスパイクする❷指導者②が
ライト側・後方からチャンスボールをセッターに入れ、セッター
のセット・アップをスパイクする❸指導者②がレフト側にボール
を投げ、リベロのハイ・セットをスパイクする。

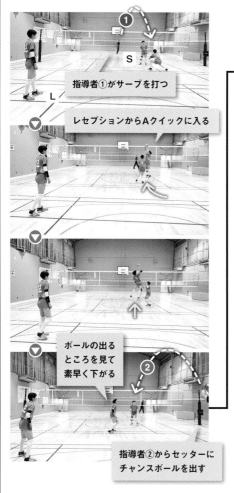

S

指導者①がサーブを打つ

L

レセプションからAクイックに入る

ボールの出る
ところを見て
素早く下がる

指導者②からセッターに
チャンスボールを出す

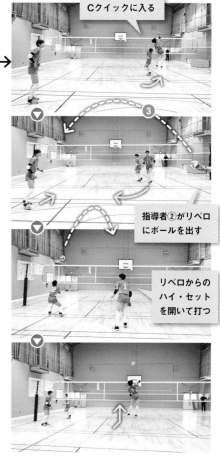

Cクイックに入る

指導者②がリベロ
にボールを出す

リベロからの
ハイ・セット
を開いて打つ

パス練習
サーブ練習
レセプション練習
セット・アップ練習
ディグ練習
ブロック練習
スパイク練習
ゲーム練習
チームづくり

パターン 3

ライトからの3本スパイク

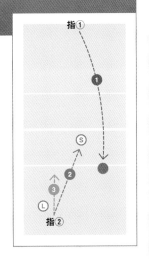

やり方

ライト側でかまえ、❶指導者①がサーブを打つ。自分でレセプションしたらセッターのセット・アップをスパイクする❷指導者②がレフト側・後方からチャンスボールをセッターに入れ、セッターのセット・アップをスパイクする❸指導者②がコート中央にボールを投げ、リベロのハイ・セットをスパイクする。

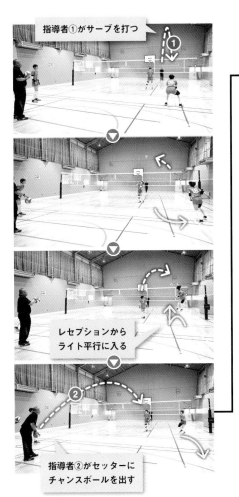

指導者①がサーブを打つ

レセプションから
ライト平行に入る

指導者②がセッターに
チャンスボールを出す

セミクイックに入る

指導者②がリベロ
にボールを出す

リベロからのハイ・セットを開いて打つ

ブロックに当てて出す
感覚をつかもう

目的

ブロックを利用した
攻撃パターンを
習得する

スパイクをただ打つのではなく、ブロックを利用して外に出す点数のとり方を覚える。台の上にのってジャンプした状況をつくると、止まった状態となるので、ブロックが見えやすく、当てやすくなる。

やり方

実施者が台にのり、相手コートに2人入りブロック板を持つ。実施者は自分でトスを上げて、スパイクを打つ。ブロックに当てて外に出すようにする。

ブロック板の左端を狙うとコートの外に出やすい

アドバイス

さまざまな攻撃パターンに挑戦する

ブロック板をよく見て、さまざまな攻撃パターンにチャレンジする。コートの外に出すだけでなく、ブロック板のどこを狙えば相手がとりづらいかを試しながら感覚をつかむ。

習得できる技術
▶ フォーム・フットワーク
▶ ボールコントロール
▶ 状況判断
▶ コンビネーション
▶ フォーメーション

回数or時間
10本

実際にスパイクを打ち
ブロック・アウトを狙う

目的

ブロック・アウトを
とる技術を磨く

ブロック・アウトをとる技術は、自チームのセット・アップが乱れたときなどに使える高度なテクニックとなる。ブロックのどの部分に、どのような当て方をすれば有効的かを身につける。

やり方

相手コートのライト側にマットを配置する。セッターがセット・アップしたボールを、マットに当てるようにしてスパイクを打つ。

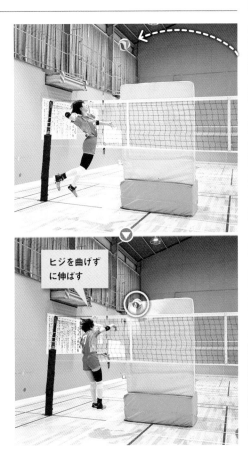

ヒジを曲げずに伸ばす

✖ NG

マットの中央に打つ

マットの中央部分はブロックがあると考えられるので、そこを避けるようにする。

💡 ポイント

力を抜き、考えて打つ

力一杯打つというより、狙うことが大事。ブロックを避ける、ブロックの角を狙って外に出す、リバウンドを狙うなどあらゆる状況を想定して打つ。

習得できる技術
▶ フォーム・フットワーク
▶ ボールコントロール
▶ 状況判断
▶ コンビネーション
▶ フォーメーション

回数or時間
各3本

ラリー中の乱れた状況を想定する

目的 リバウンドをとる

ラリー中はセット・アップが乱れ、スパイカーが打ち切れないことはよくある。スパイカーが難しいと判断したときは無理に打ち込まず、ブロックに当ててリバウンドをもらい、攻撃を立て直すようにする。

パターン 1 自分でトスを上げる

やり方

フロントレフトに入り、もう1人は反対コートにブロック板を持って立つ。自分で棒トスを上げてタッチでブロック板に当てて自分で拾う。何本かやったら最後はブロック板に当ててボールを外に出す。

> ブロック板の真ん中に押し上げるように当てるとリバウンドをとりやすい

アドバイス

ストレート側に当てて出す

ボールを外に出すときはブロック板のストレート側を狙って当てると外に出やすい。ただしキャッチのルールが変わったため、ブロック板にギリギリまで押しつけて外に出すと反則となるので注意する。

NG

下にかく

ボールを下にかいてしまうと、ブロックに当たったボールが下に落ちてしまうのでリバウンドをとりづらくなる。

パターン 2

セッターに棒トスを上げてもらう

やり方

フロントレフトに入り、もう1人は反対コートにブロック板を持って立つ。セッターに棒トスを上げてもらい、スパイクを打ちにいく。ボールの位置によって打ちにいくか、タッチにするか判断する。タッチのときは自分でリバウンドをもらう。

リバウンドをとったら
セッターに返す

パターン 3

リバウンドから攻撃する

やり方

パターン2のやり方（棒トス）でリバウンドをとったあと、すぐに開きセッターのセット・アップからスパイクを打つ。ボールの位置によってはもう一度リバウンドをとり、これを繰り返す。ボールが落ちるまで続ける。

リバウンドをとったらすぐに開く

パス練習

サーブ練習

レセプション練習

セット・アップ練習

ディグ練習

ブロック練習

スパイク練習

ゲーム練習

チームづくり

習得できる技術
▶ フォーム・フットワーク
▶ ボールコントロール
▶ 状況判断
▶ コンビネーション
▶ フォーメーション

回数or時間
3本

リバウンドをとり
逆サイドから攻撃する

目的

戦いやすい
形をつくる

P140～P141で習得した
リバウンドの技術を使い、
乱れたときは無理をせず、
戦いやすい形をつくって攻
撃につなげる。タイミング
が合わなければリバウンド
を何回繰り返してもよい。

やり方

セッター（S）、スパイカー
3人（OH、OP、MB）、リ
ベロ（L）がコートに入る。
反対コートにブロック板を
持った人を3人配置する。
セッターが棒トスをレフトに
上げ、レフトのOHがブロッ
ク板に当てる。リバウンドを
とったあと、セッターが逆サ
イドにセット・アップし、ラ
イトのOPがブロック・タッ
チを狙う。残りの人はフォ
ローに詰める。

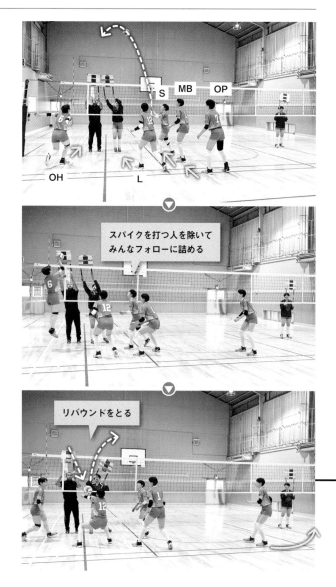

スパイクを打つ人を除いて
みんなフォローに詰める

リバウンドをとる

アドバイス

センター線を使えるときはクイックを狙う

両サイドからの攻撃だけでなく、センター線を使えるときは
MBのクイックを狙えるとノーブロックになりやすい。

逆サイドから攻撃すると
ブロックが1枚になりやすい

ブロック・タッチは
ブロック板の外側を狙う

ポイント

状況に応じて当てる場所を変える

リバウンドをとるときはブロック板の中央のやや上部、タッチ・アウトをとるときはブロック板の端、というように目的に応じて当てる場所を変える。

鉄壁のブロックを
どう切り抜けるか

目的 ブロック・フォローを意識して
何度でも攻めの形をつくる

実際の試合ではこのようなブロックはないが、2枚以上のブロックがついた状態をつくることで、何度でもフォローを繰り返し、攻める場所を変化させることを意識して行う。

やり方

コートに6人入る。反対コートに台を並べ（6台使用）、その上に2人ずつブロッカーを配置する。コートの後方から指導者にチャンスボールを入れてもらい、セッターのセット・アップからスパイクを打つ。決まるまでラリーを続ける。

アドバイス

セッターが
フォローしたあとを
決めておく

セッターがフォローした場合は、誰がセット・アップするかをチーム内で決めておく。八王子実践の場合は、リベロが行っている。

ブロックフォローに詰める

ネット下でかまえ、できるだけアンダーロープの下でボールをとらえる

セッターがフォローしたのでリベロがセットする

ポイント

扇のように囲む

スパイクを打たない人はフォローに詰める。スパイカーを扇のように囲んで位置するのが理想的。フォローのフォーメーションも「2・3」または「3・2」のパターンがあるのでチームで約束を決めておく。

● レフト攻撃の場合のフォロー

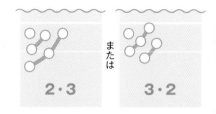

または

2・3　　**3・2**

センター

ライト

「3・2」の形をつくる　　レフト

リバウンドをとりやすいように当てる

リバウンドのあとは逆サイドに出すようにする

145

習得できる技術
▶ フォーム・フットワーク
▶ ボールコントロール
▶ 状況判断
▶ コンビネーション
▶ フォーメーション

回数or時間
各4本

ラリー中の攻撃を速くする

目的

速く下がることを意識する

ブロックにしっかり跳んだあと、素早く下がりスパイクを打ちにいくことを意識する。連続で行い、より実戦に近づける。

やり方

6人がコートに入り、ディフェンスのポジションにつく。相手のレフト攻撃に対し、2人でブロックする。ほぼ同時にチャンスボールを入れて攻撃につなげる。ライト、センターも同様に行う。

選手の声

コンビ攻撃が使える

ブロックからの下がりを速くすることでラリー中にセンターを絡めたコンビネーション攻撃が使えるようになりました。

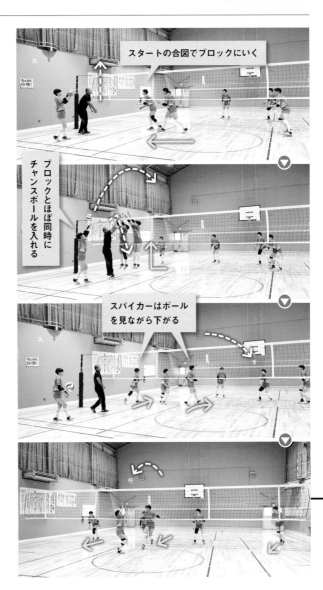

スタートの合図でブロックにいく

ブロックとほぼ同時にチャンスボールを入れる

スパイカーはボールを見ながら下がる

パス練習

サーブ練習

レセプション練習

セット・アップ練習

ディグ練習

ブロック練習

スパイク練習

ゲーム練習

チームづくり

ブロックはフルジャンプする

速く攻撃に入りたいからといって、ブロック・ジャンプをおろそ
かにすると試合と同じような状況をつくれないため、練習でも
しっかりジャンプする。

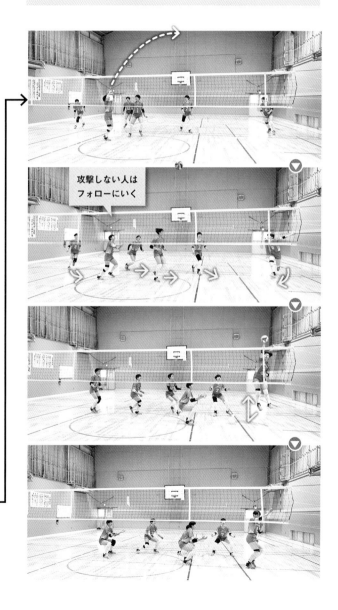

攻撃しない人は
フォローにいく

ポジションにとらわれず いろいろなところを経験する

ポジションは全員がいろいろなところを経験したほうがいいと思います。この章ではスパイク練習を紹介しましたが、ミドルブロッカーはセンターからの練習しかしませんとか、アウトサイドヒッターはレフトからの練習しかしませんではなく、ミドルブロッカーもレフトやライトからの練習をしたほうがいいと思いますし、アウトサイドヒッターの選手もミドルブロッカーみたいにクイックやワイドな攻撃ができたらいいと思います。

最終的には選手の適正を見ながらポジションを決めていくことになりますが、ブロックのいい選手はミドルブロッカーとして使いたいですし、迫力ある攻撃ができる選手はエースのアウトサイドヒッターとして、もう1人のアウトサイドヒッターは技巧派でディフェンスも上手な選手がいいなと思います。そうするとオポジットはずる賢いプレーができて、ディフェンスもそつなくこなせる選手を置きたいところです。

このような理想はありますが、どこに可能性があるのかはわからないので、ポジションは固定観念や先入観にとらわれすぎないほうがいいでしょう。彼女たちの将来においても、「それしかできません」より「それならできます」という選手のほうが、可能性が広がっていくと思います。

第8章

ゲーム練習

これまで習得してきたすべての技術を
ゲームの中でも発揮できるよう、
条件や状況を設定しながら、
実際のラリーの中で実践してみよう。

状況を細かく設定し
ゲーム感覚の中で覚える

習得できる技術
▶ フォーム・フットワーク
▶ ボールコントロール
▶ 状況判断
▶ コンビネーション
▶ フォーメーション

試合形式
7点先取

やり方

7m四方のコートに4人ずつ入り、7点先取の条件付きゲームを行う。

アンテナも7mライン上に取りつける

ポイント

真剣に取り組もう

実際のゲームに近い状況であるが、コートが狭くなっているため拾う範囲も狭くなる。実戦に近い状況の中で、いかに真剣に取り組めるかが重要となる。

アドバイス

オーバーハンドを
意識的に使う

レセプションのときにオーバーハンドを使えると、レセプションがしやすくなるので、意識的に使ってみよう。

パターン1 4vs4 ブロックなしの軟打のみ

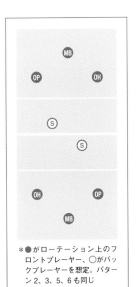

*●がローテーション上のフロントプレーヤー、○がバックプレーヤーを想定。パターン2、3、5、6も同じ

目的

レシーバーがいないところに返す

攻撃の種類をプッシュ、フェイント、緩いドライブ回転などの軟打のみに限定し、レシーバーがいないところに出すようにする。ゲーム練習前のウォーミングアップ的に行う。

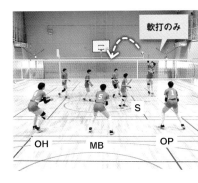

軟打のみ

やり方

セッターをネット際に固定し、アウトサイドヒッター、ミドルブロッカー、オポジットが入る。攻撃の種類を軟打のみに限定しゲームを行う。

パターン2 4vs4 ブロック1枚の軟打のみ

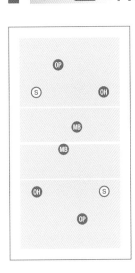

目的

ブロックとディグ隊形の関係性をつくる

ブロックを1枚入れ、ストレート側、クロス側どちらに跳ぶのかを決めた上でフロア・ディフェンスの形を変える。ゲームの中では自分たちで解決していくことが大事となる。

やり方

ミドルブロッカーをネット際に配置し、ブロック要員とする。そのほかはアウトサイドヒッター、オポジット、セッターが入る。攻撃の種類を軟打のみに限定しゲームを行う。

パス練習
サーブ練習
レセプション練習
セット・アップ練習
ディグ練習
ブロック練習
スパイク練習
ゲーム練習
チームづくり

パターン 3 4vs4 ブロックなしのスパイク

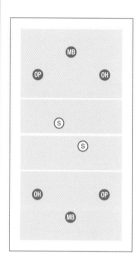

目的 ノーブロックで打ち合う

攻撃側はしっかりスパイクを打つ。ブロックがないので、人と人の間を狙うようにする。守備側は、ノーブロックのスパイクに対してどうディグするかを考える。ブロックなしだと受ける側も怖いのでブロックのありがたさがよくわかる。

やり方

セッターをネット際に固定し、アウトサイドヒッター、ミドルブロッカー、オポジットが入る。攻撃の種類をスパイクに限定しゲームを行う。

パターン 4 4vs4 ブロック1枚の攻撃自由

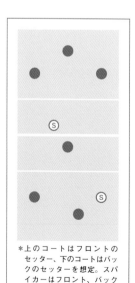

*上のコートはフロントのセッター、下のコートはバックのセッターを想定。スパイカーはフロント、バックの制限なし

目的 ディグの回数を増やし感覚をやしなう

ブロックが1枚つくことでコースが絞りやすくなり、レシーバーは拾いやすくなる。7m四方のコートなのでフロア・ディフェンスの範囲も狭く、ディグの回数が増えるので感覚がやしなわれる。

やり方

下のコートはスパイカーが1人ネット際に入り、バックプレーヤーのセッターとスパイカーが2人入る。上のコートはフロントプレーヤーのセッターがネット際に入り、スパイカーが3人入る。スパイカーは強打、軟打を織り交ぜた攻撃をし、ブロックはネット際の選手が跳ぶ。この条件でゲームを行う。

パターン 5　4vs4 フロント2枚

目的　狙いどころを変える

ネット際に2人置くことでブロックに跳ばない選手がフェイント・カバーに入り、残りの2人をコーナーに配置するような守備隊形に変更する。スパイカーは狙いどころが変わるので、対応しながら行う。

やり方

ミドルブロッカーとオポジットがネット際に入り（どちらかがブロック）、セッターとアウトサイドヒッターが入る。攻撃の種類をスパイクに限定しゲームを行う。

ブロックに跳ばないプレーヤーがフェイントをとる

後ろの2人はコーナーでかまえる

パターン 6　5vs5 センター攻撃のみ

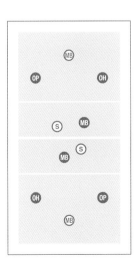

目的　クイックが使えるパスを出す

ミドルブロッカーを追加し5vs5で行う。なるべくミドルブロッカーのクイックを使えるような形に持っていく。そのためのレセプション、ディグの精度を意識する。

やり方

セッターをネット際に固定し、アウトサイドヒッター、ミドルブロッカー2人（フロント、バック）、オポジットが入る。攻撃の種類をセンターからのクイックに限定しゲームを行う。

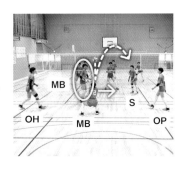

ポジションに関係なく経験する

習得できる技術
▶ フォーム・フットワーク
▶ ボールコントロール
▶ 状況判断
▶ コンビネーション
▶ フォーメーション

回数 or 時間
各5分

パターン 1

4 vs 4
バックアタックのみ

目的　バックアタックでしっかり打ち切る

セット・アップを高めにしてもらい、バックアタックをしっかり打ち切る練習。相手レシーバーの正面に打っていると決まらないので、人と人の間を見つけて打つことを意識する。

攻撃はバックセンター、
バックライトからのみ

やり方

セッターをネット際、リベロをバックレフトに固定する。バックセンター、バックライトにスパイカーを入れ、残りの人はコートの後方に並んで待機する。コート外からチャンスボールを入れ、4vs4のラリーを行う。攻撃はバックアタックのみで、スパイクを打ったプレーヤーはコートから出て、反対コートの最後尾に並ぶ。抜けたところに新しいプレーヤーが入る。これを繰り返す。

選手の声

ほかのポジションの人の気持ちが理解できた

いろいろなポジションを経験するので、実際の試合でも誰がどこに入っても戦えると思います。ほかのポジションの人の気持ちが理解できたことも、よかったです。

ポイント

フォーメーションを見てから打つ

スパイクを打つプレーヤーは相手チームのフォーメーションを見てから打つようにする。

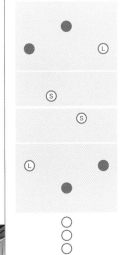

＊●が攻撃できるプレーヤー、セッターとリベロは固定

バックアタックを打ったプレーヤー(2)のところに新しいプレーヤー(13)が入る

打ち終わったプレーヤーはコートから抜けて、反対コートの最後尾に並ぶ

155

パターン 2

5vs5 バックアタック＋センター攻撃＋ライト攻撃

目的 どのポジションからでも打てるようにする

パターン1に1人追加し、センター攻撃を加える。打った人が抜けて、そこに次の人が入るため、どのポジションからでも打てるような選手を目指す。

やり方

セッターをネット際、リベロをバックレフトに固定する。フロントセンター、バックセンター、バックライトにスパイカーを入れ、残りの人はコートの後方に並ぶ。コート外からチャンスボールを入れ、5vs5のラリーを行う。スパイクを打ったプレーヤーはコートから出て、反対コートの最後尾に並び、抜けたところに新しいプレーヤーが入る。

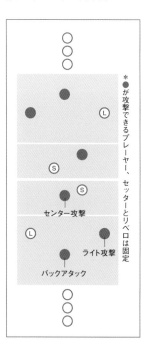

*●が攻撃できるプレーヤー、●、セッターとリベロは固定

センター攻撃
ライト攻撃
バックアタック

アドバイス

リベロの位置を変える

リベロの位置をバックセンターに変えると、レフト、センター、ライトからの攻撃となり、ネット幅を最大限に使ったパターンにすることができる。

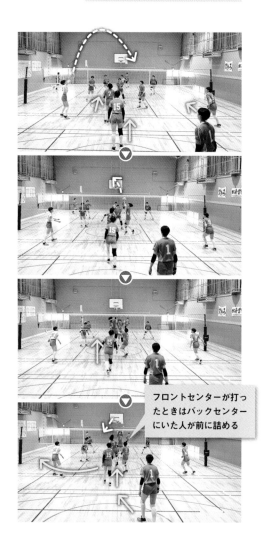

フロントセンターが打ったときはバックセンターにいた人が前に詰める

アレンジ

6vs6で
コースを限定する

人数を6人に増やし、セッターとリベロ（バックレフト）を固定にする。ポジションによって打つコースを限定して行い、守備のフォーメーションをとりやすくする。スパイクを打ったプレーヤーはコートから出て、反対コートの最後尾に並ぶ。抜けたところに近くのプレーヤーが移動し、新しいプレーヤーはバックライトに入り、ラリーを続ける。

[条件2のコース]

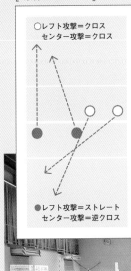

○レフト攻撃＝クロス
　センター攻撃＝クロス

●レフト攻撃＝ストレート
　センター攻撃＝逆クロス

[条件1] ストレートのみ

攻撃はフロントレフトからのみで、スパイクのコースをストレートに限定する。

[条件2] コートによってコースを変える

手前コートのフロントレフトはストレート、センターはターンして逆クロス（写真）。奥コートのフロントレフトはクロス、フロントセンターはクロスに打つようにする。

奥

手前

パス練習

サーブ練習

レセプション練習

セット・アップ練習

ディグ練習

ブロック練習

スパイク練習

ゲーム練習

チームづくり

ミドルブロッカーが攻守で活躍しよう

習得できる技術
▶ フォーク・フットワーク
▶ ボールコントロール
▶ 状況判断
▶ コンビネーション
▶ フォーメーション

試合形式
5点先取

目的 ## ゲーム形式でMBの スキルアップを目指す

ミドルブロッカーに特化したゲーム練習で、バックのミドルブロッカーはサーブと守備、フロントのミドルブロッカーはブロックに加え、どのような体勢からでもクイックに入るよう心がける。

やり方

セッター、リベロ、ミドルブロッカー2人の組み合わせでコートに入り、4vs4のゲームを行う。バックのミドルブロッカーのサーブからはじめ、どちらかが5点先取したらバック、フロントのミドルブロッカーのポジションを交代する。

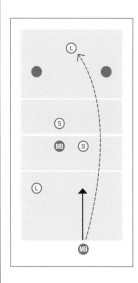

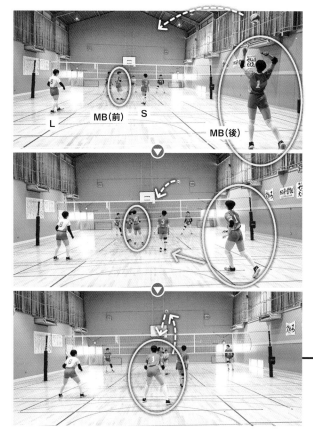

L　　MB（前）　　S

MB（後）

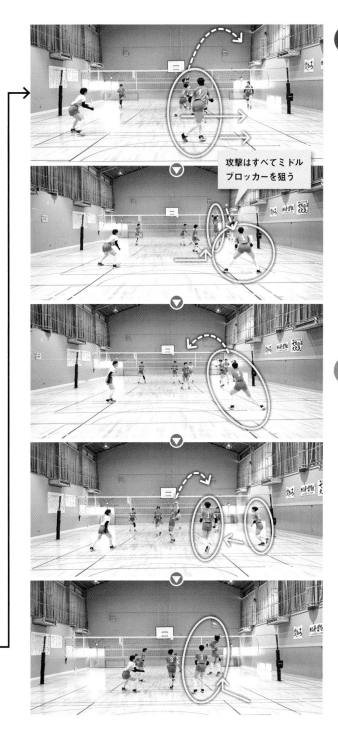

攻撃はすべてミドル
ブロッカーを狙う

パス練習

サーブ練習

レセプション
練習

セット・
アップ練習

ディグ練習

ブロック練習

スパイク練習

ゲーム
練習

チームづくり

アドバイス

MBが
がんばれば
得点につながる

ミドルブロッカーが
バックにいるときはリ
ベロと代わるケースが
ほとんどなので、守備
にあまり力を入れてい
ないプレーヤーもいる
が、サーブがいいミド
ルブロッカーも多い。
つまりサーブを打った
あと自ら守備をがんば
り、フロントのミドル
ブロッカーもスパイク
とブロックをがんばる
と得点につながる。

選手の声

ディグに対する
意識が上がった

サーブのときにしかな
いバックでのディグに
対する意識が上がりま
した。また状況判断を
して、攻撃に入れるよ
うになりました。

さまざまな局面を想定し
チームで乗り切ろう

習得できる技術
▶ フォーム・フットワーク
▶ ボールコントロール
▶ 状況判断
▶ コンビネーション
▶ フォーメーション
試合形式
7点先取

パターン 1 レフト対決

目的　どうしたら得点できるかを考え工夫する

試合中の苦しい場面でボールが集まるのがレフトとなる。セッターとコンビネーションをつくりながら、どうしたら得点できるかを考え、工夫してプレーする。

やり方

6vs6のゲーム形式を行う。チャンスボールをコートの外から投げ入れ、ラリーをはじめる。ラリー中はレフト攻撃のみとし、どちらかが得点したら反対のチームにチャンスボールを入れ、7点先取で争う。

ポイント

エースが自分で判断する

打つコースは自由なので、自分で判断しながらブロック・タッチ、コース打ちなど考えて得点する。

レフトからの攻撃のみ。
打てないときは返すだけでよい

アレンジ

センター&ライト対決

条件をライトのみの攻撃にするとゲームとしての難易度が高いため、レフトからの攻撃なしのセンター&ライト対決で行う。

パス練習

サーブ練習

レセプション練習

セット・アップ練習

ディグ練習

ブロック練習

スパイク練習

ゲーム練習

チームづくり

アドバイス

勝敗を意識する

点数をつけ「勝ちたい」「負けた
くない」という気持ちを持ってプ
レーする。

選手の声

強弱・長短をつけることを意識した

何本もレフトにボールが集まるので、強打だけでは
なく強弱・長短をつけて相手の穴をつく攻撃を意識
しました。

┃ パターン 2 フロント・セッターvsバック・セッター

目的 ## バックアタックを 取り入れる

セッターの位置をチームによって変え、マッチアップに
変化をつくる。バック・セッターのチームはフロントか
らの攻撃が3枚になるのに対し、フロント・セッターの
チームはフロントからの攻撃が2枚となるため、バック
アタックなどを取り入れるようにする。

やり方

6vs6のゲーム形式を行う。片方のコー
トはフロント・セッター、もう片方のコー
トはバック・セッターとする。チャンス
ボールをコートの外から投げ入れ、ラ
リーをはじめる。どちらかが得点したら
反対のチームにチャンスボールを入れ、
7点先取で争う。

フロントのセッター

バックのセッター

習得できる技術

▶ フォーム・フットワーク
▶ ボールコントロール
▶ 状況判断
▷ コンビネーション
▷ フォーメーション

試合形式
攻撃側が5点とるまで

攻撃と守備それぞれの目的を持って取り組む

目的　**攻撃＝コンビネーション、守備＝ブロックとフロア・ディフェンスの関係性**

攻撃だけのチームと守備だけのチームに分かれてのゲーム練習。攻撃チームはチャンスボールからのコンビネーション。守備チームはブロックとフロア・ディフェンスの関係を確認する。

やり方

6 vs 6のゲームを行う。片方のコートは攻撃のみ、もう片方のコートは守備のみとする。チャンスボールをコートの外から投げ入れ、ラリーをはじめる。攻撃側が5本決めたら攻守を入れ替える。

ポイント

ブロックを利用しよう（攻撃側）

ブロックを怖がり避けて打つと、レシーバーの正面になるためなかなか決まらない。ブロックを利用するプレーを心がけよう。

守備

攻撃

チャンスボールは
W型フォーメーションをつくる

攻撃から守備にスイッチするときに穴ができやすいので、どのように動くかチーム内で約束ごとを決めておく。とくにチャンスボールのときはW型フォーメーションをつくり、セッターはライトの外側から前に上がるようにすると、ライトとセンターのプレーヤーがまっすぐ下がれるので穴がなくなる。

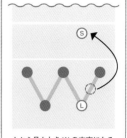

上から見たとき W の文字になるようなフォーメーションをとる

ポイント

ボールを返す場所を
考える（守備側）

チャンスボールを返す際は空いているところや、相手が困るところ（攻撃させたくないプレーヤーの前に出すなど）に返すようにする。

攻撃

守備

問題点を克服・改善できる
ゲーム練習をする

コートの半面を使いコーチが球出しして反復する練習もいいですが、どうしても練習そのものが平面的でマンネリ化してしまいます。バレーボールはネットをはさんだ競技なので、ネット付近のボールの変化や、ネット際の対応を覚えることも重要です。八王子実践では練習の最後にゲーム練習を行うようにしていて、この章で紹介したように、1つのパターンでもシチュエーションや条件を追加して、変化のある練習にするようにしています。

ゲーム練習は練習試合などでチームとして露呈した問題点に対して、どうブロックにつき、どうフォーメーションをとるかをコート上で話し合いながらできるので、一番いい練習になると思います。

たとえば前の週に行った練習試合で、ライトからのクロスの攻撃に苦戦したのだとしたら、シチュエーションとしてライトからクロスに打たれたボールをディグできたら自分たちも攻撃できる、といったような条件を課して行います。そうすることでより実戦的で、かつ自分たちの苦手なところを克服・改善できるような練習につながっていくわけです。

それに部員が多いチームは、ネットをはさんで練習したほうが、12人が確実にコートに入れるので、多くの選手が一緒に練習できるというメリットもあります。

第9章

チームづくり

この章では名門・八王子実践が
どのようなチームを目指し、
どのようなスケジュールで動いているのか、
具体例とともに紹介する。

八王子実践流
指導方針 〜受け継がれる強さの秘訣〜

POINT 01 ｜ 十ヶ条を心がける

八王子実践には名将・菊間崇祠監督時代から受け継がれている伝統の十ヶ条がある。練習前に必ず全員で読み上げてから練習が始まる。そこには、一バレーボーラーである前に、1人の人間として成長してほしいとの思いが込められている。バレーボールがうまいから凄いのではなく、勉強を含めた普段の学生生活もきちんと行っているからこそ、多くの方々が応援や協力をしてくれる。競技に打ち込める環境が整っているのは特別なことなので、つねに感謝の心を持つ。

八王子実践中学・高校
バレーボール部十ヶ条

一、に練習 二に練習 三に練習の気構えを忘れるな。練習なくして自信なし。

一、楽な練習をさけ苦しい練習法を自ら求めよ。大きな苦しみをへてこそ大きな喜びがある。

一、一日は二十四時間なり。コートの外にも練習法があることを忘れるな。

一、一つのプレーが習慣となるまで反復練習させよ。

一、技術の向上はその人の努力による。出来るか否かは身体がへばった時である。最後の頑張りで何かをつかもう。

一、練習後は必ず反省し、明日の練習をそなえよ。反省なくして進歩なし。

一、指導者に叱られやすい選手になれ。叱られない時は自ら考えよ。

一、いくら素質があっても無気力・意地のないものは大成しない。人は勝つ前に己に克つ。

一、バレーボールはチームプレーである。人は皆のために生きることを考えよ。

一、プレーは自分の身体にあったプレーを身に付けよ。

バレーボールがうまくなるには、バレーボール以外のところもきちんとしなければ上達しないというのが八王子実践の考え。バレー部員が学校生活でも生徒の模範となり評価されているからこそ、バレー環境も整えられ、「八王子実践でバレーがしたい」と思う選手が毎年入部するという好循環ができている。

パス練習

サーブ練習

レセプション練習

セット・アップ練習

ディグ練習

ブロック練習

スパイク練習

ゲーム練習

チームづくり

POINT 02 ｜ 中高一貫の１つの家族

八王子実践のいいところは中高６年間で成長できるところにある。一緒に練習することもあり、高校生と中学生の間には、お姉さんと妹のような関係性がつくられている。また高校生には寮があり、夕飯は保護者の方が交代制で担当。その

ため保護者も自分の子どものためだけでなく、生徒みんなが自分の娘という感覚のもと協力体制ができている。１つの大きな家族の中で、選手たちが育っていくイメージで、チームづくりがされているのが特徴といえる。

POINT 03 ｜ すぐに話し合える環境づくり

高校生からは学校近くでの寮生活となる。その日の練習が終わってすぐ反省したり、ミーティングができたりする利点があり、改めて振り返ることで、選手間で「明日はこうしよう」と話し合え、共

通認識を持つことができる。また通学に疲れることもなく、練習が終われば寮に戻り、保護者がつくってくれた温かいご飯を食べることができる。寮があることで体力面での負担が少なく済む。

指導者ポイント

練習の意味を伝える

指導者としては、効果的な練習の考え方、正しい努力の仕方などを、折を見て選手に伝える必要がある。ただ練習させるのではなく、「一体これは何のための練習なのか？」「どう

いう効果があるのか？」など、きちんと理由や意味を説明しながら行う。チームづくりの中で一番大事なことは、人と人のつながりなので考えを正確に伝えることが大事になる。

八王子実践流
練習計画 ～実戦で得た弱点を克服する～

▶ **主な年間スケジュール**

月	期分け	大会や合宿	学校行事
4月	準備期		入学式＆1学期
	強化期	関東大会予選	
5月	試合期	〃	
	準備期		
6月	試合期	関東大会	
	準備期	インターハイ予選	
7月	強化期	関東私学大会	
8月	試合期		夏休み
	準備期	インターハイ	
9月			2学期
	強化期		
10月	試合期	春高一次予選	
	準備・強化期		
11月	試合期	春高東京代表決定戦	
	準備期		
12月			冬休み
	強化期		
1月	試合期	春の高校バレー	3学期
	強化期	新人大会	
2月	試合期	〃	
		全国私学大会	
3月	準備期		春休み

高校生の場合、春に予選を兼ねた地区大会、インターハイ予選が行われ、夏にインターハイ本戦。そして秋からは春の高校バレー予選がはじまり、冬に春の高校バレーが開催される。それが終わると新チームが本格始動し新人戦が行われる、というのが大まかな流れとなる。年間を通して大会があるため、準備期、強化期、試合期が短いスパンで巡ってくる。

練習計画を立てるにあたり、基本と実戦を重視する八王子実践では平日練習で基本を確認しつつ、週末に行う練習試合、大会での反省点を踏まえた弱点克服メニューを日々の練習に取り入れるようにしている。そのため練習内容は日々変化しており、順応性に長けているのが特徴だ。

それを踏まえた上で、八王子実践の年間スケジュールと、週間スケジュール、1日の練習スケジュールの一例を紹介する。

▶ 週間スケジュール

曜日	練習内容
月曜日	休み
火曜日	基本練習＆ボールコントロール中心メニュー
水曜日	トレーニング（メディシンボールを使用した体幹トレーニング）／基本練習、コンビネーション確認（ブロック）
木曜日	基本練習＆ボールコントロール中心メニュー ＊試合期は近隣大学生と試合
金曜日	基本練習＆ボールコントロール中心メニュー
土曜日	トレーニング（メディシンボール、体幹トレーニング）／基本練習／コンビネーション確認（ブロック）
日曜日	学校＝〔午前〕基本練習、ブロック〔午後〕ブロック、レシーブ確認、ゲーム 練習試合＝〔午前〕3〜4セット〔午後〕3〜4セット

▶ 練習メニュー例 （平日／試合期）

時間	メニュー
16:00〜16:20	ウォーミングアップ
16:20〜16:40	サーブ（50本）
16:40〜17:10	レセプション（基本→2人組→チーム）、同時進行でセッター練習
17:10〜17:30	ディグ基本練習
17:30〜17:50	ディグ①ペッパー②シートディグ③台上 ＊その時々で変える
17:50〜18:10	ブロック（ステップ、形づくり）
18:10〜18:30	スパイク、コンビネーション練習
18:30〜18:50	ブロック＆ディグ
18:50〜19:30	ゲーム（1〜2セット）

パス練習

サーブ練習

レセプション練習

セット・アップ練習

ディグ練習

ブロック練習

スパイク練習

ゲーム練習

チームづくり

八王子実践

Q & A

チームづくりに関する貫井監督の考えを紹介する。

Q ミーティングはどのようにしている？

A 実技以外の話をする場としても利用

ミーティングは練習の振り返り、相手のビデオを見ながら選手たちが意見をかわす場として使っています。私から選手に話す時間はそんなに多くありませんが、話したほうがいいなと感じたときや、こうやって部活動ができる有り難さは伝えたいので、そういう実技以外の話をする場でもありま

す。ミーティングの使い方は学校によってそれぞれですが、八王子実践は寮生活なので生活自体を見直すときにも必要な場で、部活動に対して真剣味を持って打ち込んでいく、その心構えのためにもミーティングは絶対に必要なことだと思っています。

Q データ分析はどうしている？

A 指導者だけでなく選手も行う

データ分析はビデオを見ながら、私自身と選手の両方でそれぞれ行っています。相手の攻撃者がどこに打つ傾向が強いのか、このレセプションのときはどういう攻撃があるのかなど、大きな模造紙にデータを起こし、チームごとに対策を練るということをやらせています。私のデータ分析を選手に伝えることもありますが、誰かから与え

られた情報は抜けていくのも早いので、苦労して自分たちでつくったほうが覚えると思っています。実際、プレー中は考えながら自分たちで動かないといけないので、頭に入っていることは大事なことです。アナログな方法ですが、そうすると自分たちの知識にもつながると考えています。

Q キャプテンの決め方は？

A 寮生活を含めて見極め、指名する

　キャプテン決めに関しては「この子だったら任せられる」という選手に私が指名しています。成熟したチームであれば選手たちにキャプテンを選ばせる方法もありだとは思いますが、新チームになったばかりで、チームとして成り立っていない状況の中でキャプテンを自分たちで選出するというのはリスクが大きい気がします。キャプテンにしようと思っている子は、実は1年生のころから目をつけていて、寮生活も含めて見るようにしています。あとはミーティングをしていて、発言できる子はキャプテンに向いているかもしれません。

Q 食生活はどう考えている？

A バランスよく食べて、利き手とは反対の手を使う

　夕飯は保護者の方がつくってくれています。肉の日の次は魚の日にするとか、バランスよく食材をまんべんなく使うように、あとは野菜をなるべく多めにとれるような工夫もお願いしています。食事の面で決まりがあるとすれば、ご飯は利き手と逆の手で食べるということです。これは昔から続いている八王子実践の伝統で、バレーボールは左右の体をバランスよく動かさないといけないので、利き手ではないほうの感覚も必要という理由で、利き手ではない手で食べるようにしています。

パス練習
サーブ練習
レセプション練習
セット・アップ練習
ディグ練習
ブロック練習
スパイク練習
ゲーム練習
チームづくり

おわりに

　バレーボールの指導において、基礎基本を徹底していくことが本当に大切なことであると思います。基礎基本という土台をつくり上げることで、その上に載せていく応用の量が決まってくるからです。これは人間性を育てる上でも同じことです。バレーボールの上達のためにバレーボール以外のことが大切になるのです。つまり、人間的成長なくしてバレーボールの上達はないということになります。冒頭にも述べましたが、バレーボールは1人ではできません。バレーボールを通しての人との出会いが、私に、挑戦し続ける勇気や、未来に向けての夢と希望をもたらしてくれました。

　バレーボールに正解はありません。これまでの指導経験の中で、《もうこれでいいと満足しない》《もう駄目だと諦めない》と考え、試行錯誤・創意工夫を重ね、バレーボールを楽しむことが重要であると痛感しています。『楽しむ』『楽をする』は同じ漢字『楽』を使いますが、全く別物であると考えます。『楽しむ』ためには、それ相応の努力と困難を乗り越えなければなりません。決して楽をせず、本当の価値を見出すために、今後もバレーボールを真剣に楽しんでいきたいと思います。

　本書で練習メニューを紹介させていただく中で、バレーボールの素晴らしさを伝えていくために学び続け、仲間との出会いを大切にできたことを実感しました。これからも変化し続けるバレーボールの1人の指導者・教育者として、選手の可能性を信じ、寄り添いながら、選手育成に全力を尽くしていきたいと再認識すること

もできました。

　最後に、本書発行に際して、今まで携わってきた選手達はもちろん、支えとなってくださった保護者の方々、指導の多くを学ぶきっかけをいただいた、全国の先生方に心より感謝申し上げます。

　皆でバレーボールの素晴らしい世界を探究していきましょう。

不撓不屈　　感謝

2023年3月
八王子実践高等学校
バレーボール部 監督
貫井直輝

著者プロフィール
貫井直輝
（ぬくい・なおき）

1971年8月13日生まれ。東京都東久留米市出身。中学1年生からバレーボールをはじめ、武蔵野北高校、順天堂大学でプレー。94年に大学を卒業し、日本航空高校の男子バレーボール部でコーチを務める。97年に八王子実践高校のコーチとなり、2000年からはコーチ業と並行しながら中学バレー部の監督を務めた。13年に高校の監督に就任。中高ともにチームを全国上位に多数導き、トップ選手も多く育てる。名門・八王子実践のバレーを継承しつつ、新たな挑戦を続けている。

撮影協力
木嶋洸佑コーチ
（きじま・こうすけ）
早稲田大学大学院卒

撮影協力

八王子実践高等学校
バレーボール部

東京都八王子市にある男女共学の私立校。1926年、八王子和洋裁縫女学院として開校。2026年には創立100周年を迎える。全国大会出場は94回を誇り、そのうち全国制覇は12回。関東大会には62年連続出場し、19回優勝している。73年には高校女子バレー初の三冠王（春・夏・秋）を達成した。卒業生には、オリンピックに出場した三屋裕子（ロサンゼルス五輪）、宮島恵子（ロサンゼルス五輪）、大林素子（ソウル・バルセロナ・アトランタ五輪）、高橋有紀子（ソウル・バルセロナ・アトランタ・シドニー五輪）、中野照子（アトランタ五輪）、多治見麻子（バルセロナ・アトランタ・北京五輪）、福田記代子（バルセロナ五輪）、狩野美雪（北京五輪）、狩野舞子（ロンドン五輪）、籾井あき（東京五輪）ら錚々たるメンバーが名を連ねるほか、ワールドカップ、世界選手権、ユニバーシアードといった名だたる大会に100名を超える選手が出場している。

デザイン／黄川田洋志・井上菜奈美（ライトハウス）、
　　　　　藤本麻衣
写　　真／菅原 淳
編　　集／平 純子

強豪校の練習法
バレーボール 八王子実践高校式メニュー

2023年3月30日　第1版第1刷発行

著　者　貫井 直輝
発行人　池田 哲雄
発行所　株式会社ベースボール・マガジン社
　　　　〒103-8482 東京都中央区日本橋浜町2-61-9
　　　　　　　　　TIE 浜町ビル

　　　　電　　話　03-5643-3930（販売部）
　　　　　　　　　03-5643-3885（出版部）
　　　　振替口座　00180-6-46620
　　　　https://www.bbm-japan.com/

印刷・製本／広研印刷株式会社

©Naoki Nukui 2023
Printed in Japan
ISBN978-4-583-11472-9　C2075